経営学って何か教えてください！

―マネジメント・ジャングルを彷徨う―

亀川雅人

創成社新書
64

目次

プロローグ　新人「南山メグミ」新書の企画を命じられる！

メグミは、食後に運ばれてきたコーヒーを一口飲むと、

「〝10分でわかる経営学入門〟みたいな本ってどこかにないのかな？

　経営の知識なんて全然ないのに、どうすればいいの？」

と、メグミの話は止まらなかった。

マユとは高校の同級生だ。マユは女子大を卒業した後、5年前に職場結婚をして、去年、男の子を出産した。

マユと会うのは久しぶりだった。いつもならお互いのプライベートな近況を話しあったりするのに、今日はずっと仕事の話ばかりしていた。

南山メグミは、大学で日本文学と哲学を学び、研究者になろうと博士課程では太宰治の研究に没頭していた。研究は面白くて、6年かけて博士の学位を取った。その後は、非常勤講師や研究員の助手のアルバイトをしつつ、研究室に残っていたが、文学の研究では生活費を

稼ぐことはできないと思い、1年前に中堅の出版社に勤務した。学生期間が長かったせいか、父親には「世間知らず」だとよく言われるが、本人は普通に成長している35歳だと思っている。社会人としては新人だけど、もうアラサーではなくアラフォーになってしまった。

「経営や経済については、ニュースで言葉を聞くぐらいで、具体的に何がどうなのか、まったくわからないし。イノベーション、マーケティングとかのカタカナ表記、それにCSR、ROEとかの三文字略語が氾濫しているけど、今まで理解しようとさえ思わなかったような人間なんだよ。大体、株価の動向に一喜一憂する理由だってわからない。まあ株価が上昇すると、会社は儲かるとか、増収増益くらいは、イメージできるけどね。それでも売上と利益の区別はつかないよ。ましてや、実際の計算方法なんて考えたこともないよ。それって簿記や会計とかの分野だと思うけど、これも経営学なのかな？」

「そういえば、メグミって大学時代サークルに入ってたよね？」ずっと黙っていたマユが不意に口を開いた。

「うん一応、手話サークルに所属してたけど」

「その時、経営学部や経済学部の友達はいなかったの？　英文科卒の私じゃ話を聞くくらいで、役に立てそうもないよ」

「自分の話ばかりでごめん。ねえ、デザートでも頼まない？　私がおごるから」

大学時代、経営学部や経済学部の友人もいたけど、経営や経済についての話は記憶にない。日常的に、経済や経営に関係するニュースなどが氾濫しているっていうのに。だから、経営学の担当を任されたとき、何から始めるのか皆目見当がつかなかった。

誰かに相談したくても、私は友達が少ない。スマホに登録している連絡先は10件もない。大事な相談ができるのは、マユしかいなかった。

「食後のデザートねぇ。でも、メグミはもう帰ったほうがいいんじゃないの？　明日、企画書を持っていかないといけないんでしょ。えっと…、その何とか教授のところに」

「亀川教授ね」

「そうそう、その亀川教授に見せる企画書がまだ途中なんでしょ」

亀川教授。マユの口からその名前を聞くと、メグミの気分は沈んだ。3日前に上司から告げられた言葉が頭に浮かんだからだ。

「亀川教授は、経営学の第一人者だから、知恵を貸していただけると思うよ。専門は、何だったかな？　うちでは『大人の経営学』とか『10代からはじめる株式会社計画』などの経営関係の本を書いてもらったけど、『ガバナンスと利潤の経済学』や『資本と知識と経営者』は、どちらかというと経済関係の本だよね。他社では戦略論やマーケティング、ファイナンス関係の本なども出されているから。この企画は、経営について、まったくわからないぐらいがちょうどいい。南山が理解できれば、経営に興味のない人もわかるってことだからさ」

「あの…。経営学の本を作るためのマニュアル本とかは、社内にないんでしょうか？」

メグミはダメ元で聞いてみた。

「マニュアルなんてあっても役には立たないよ。だってマニュアル通りになんていかないから」

「それはそうですけど、何から手を付ければいいのかもわかりません。私まだ校正にも慣れてないんですよ！」

「誰でも最初は手探りで仕事をしているんだ。マニュアルなんかあったら、自分で考えなくなるだろ。とにかく一度、亀川教授の元を訪ねてみることだよ」

そう言われて何だか釈然としない気持ちだった。何で私が経営の本を担当するの？

「ねえ、メグミ。ちょっと、大丈夫？」

「えっ」

心配そうなマユの顔を見て、メグミは我に返った。

「急に黙り込むから、どうしたのかと思ったじゃない」

「ごめん。ちょっと考え事しちゃって」

ああ、またやってしまった。空白の3分間は、私の悪い癖だ。自分の置かれている状況や場所を忘れて、意識が遠くへ行ってしまうのだ。今だって、経営学の企画を命じられた時のことを思い出し、1人悶々としていた。

「とりあえず、今日のところはお開きにしようか」

「デザートは?」

「数量限定のアップルパイは売り切れみたいよ」マユはそう言うと伝票を持って立ち上がった。

「じゃ、またね。新しい本の企画が決まったら、連絡してよ」

「うん」

今日は自分の話ばかりしてマユに悪いことしちゃったかな。「人の話を全然聞いてない」と、よく言われる。明日は教授の話をちゃんと聞かないとね。

とにかく、早く帰って企画書を終わらせないと!

その日の夜、メグミは今回の企画について、お風呂に入りながら考えていた。

少子高齢化とか地球温暖化などの企画だとやりやすそうで良かったんだけどな。でも仕事だから、好き嫌いは言っていられない。それに初めての担当だから、やっぱりいい本を出したいし。だけど、経営学の知識はまったくない。何から始めればいいんだろう? まずは自社で出版した入門的な経営学の本を数冊選んで、目次でも眺めてみよう。そうだ。それから、大学のホームページで経営学部の授業科目を検索するのはどうかな。共通する項目を集めれば、企画書の作成に役立つかもしれない。とにかく今はこの企画を精一杯頑張ろう。

翌日の午後、ようやく完成させた企画書を持って亀川雅人教授の研究室に向かった。行きの電車は、平日の昼間ということもあり比較的空いていた。朝から晴天だったが、景色を楽しむ余裕はメグミには無かった。メグミは空いている座席に座ると鞄から企画書を取り出し、見直した。自分ではそれなりに仕上がっていると思うけど、やっぱり不安だな。「こんなんじゃ、全然話にならないよ」って笑われたらどうしよう。そんなことを考えているうちに、研究室がある立京学院大学の最寄り駅に着いた。

駅からは徒歩10分。大学の案内図によると、教授の研究室は大学南棟の3階にあるらしい。メグミは階段を上り、研究室の前に立った。

ヤバいな。緊張してきた。でも私って割とおじさんには好かれるほうだし大丈夫、と自分を励まし、勇気づけた。

第1章　亀川教授の研究室へ

深呼吸をして、研究室のドアを3回ノックした。

「はい、どうぞ。」教授の声かな？　思ってたより声が若い気がした。

「失礼します」メグミが研究室のドアを開けると、そこには眼鏡をかけた白髪交じりの男性が、こちらを向いて笑顔で迎えてくれた。

「創成社から来ました南山です」

なんとなく気難しそうな人を想像していたけど、ロマンスグレーなおじ様って感じで、いろいろ聞いても大丈夫そう。よく見ると、眼鏡の奥の目は笑ってないかも。どうしよう。

少し緊張したメグミに、亀川教授は声をかけた。

「どうぞ、こちらにかけて」優しそうな人で良かった。私のお父さんよりは少し年下かもしれない。

テーブルには、本や書類が所せましと積まれており、メグミはメモを取るスペースを探した。教授は、テーブルの上を少し片付けて、ちょっとした場所を作ってくれた。

「いまどきノートにメモするの？　スマホに録音する人が多いよ」

「あっ、そうなんですか。すみません」

「謝る必要はありませんよ」

「えっと、録音ってどうするんだっけ？　私、本の企画、はじめてでして…」と言いながら、メグミは、ようやくスマホを取り出して、なんとか録音し始めた。

仕事の仕方は時代とともに変化している。録音の方が、メモを取るよりずっと楽かもしれない。でも、メモをとるって、仕事をしている感じが出せるから便利なんだよね。

「経営学の新書を出すんだって？」「どんな内容にするの？」「いつ頃までに？」

「一度にそんなに質問しないで！」心の中ではそう答えていたが、なかなか言葉にはならずに「企画書をお持ちいたしましたので、一度ご覧いただけますでしょうか？」とだけ言うのが精一杯だった。

本の構成に目を落とした亀川教授は、

「①経営学の歴史、②戦略論、③経営管理論、④経営組織論、⑤コーポレート・ファイナンス、⑥ヒューマン・リソース・マネジメント、⑦生産管理論、⑧マーケティング、⑨リーダーシップ論、⑩国際経営論、⑪トップ・マネジメント論、⑫コーポレート・ガバナンス、

⑬企業の社会的責任（CSR）、⑭「経営哲学」教授は、早口に目次を読み上げた。そして、企画書を見ながらゆっくり頷いたり首をひねったりしながら、
「これ新書で全部やるの？　14章構成というのは、随分と欲張っていますね。でも大学の授業が15回だから、14章というのはちょうどいいかな？　かなり分厚い新書なの？　対象は大学生とあるけど、1年生向け？　学部は経営学部向けなの？　社会人は対象としないの？　この目次は、あなたが考えたの？　最終章を〝経営哲学〟としたのは、すごいですね」

機関銃のような質問攻勢。最初の質問は何だったっけ？

「えーと、目次は、私が考えました。いくつかの大学の経営学部のカリキュラムを参考にしたのですが、いかがでしょうか？　経営学を専門に学ぶ学生を想定しているわけではないんです。文学部や医学部など専門分野が違う学生だったり、上司からは、社会人の学び直しというか、私のように仕事をしている人を対象にしたいということです」

「なるほど。そういうことなら、あまり欲張らない方が良いでしょう。経営学部で学ぶべきことは、たくさんあります。それぞれ、すでに教科書や参考書がいっぱいあるでしょ」

「はい。ありすぎてどれを参考にしていいか迷います」

「欲張ってすべてを網羅しようとすると、結局何もわからない。美味しい料理も急いで食べると味もわからないし消化不良になる。創成社は、社会科学専門の出版社ですよね」

「はい」

「そうすると、南山さんは社会科学関係の研究者や実務家と接する機会が多いことになりますね」

「実は、今日が初めてなんです」

「初めてですか。しかし、これからは、経済や経営、社会学や法律に関する研究者の方と話す機会が増えますよね。だから、その専門的な知識をある程度知っておかないと会話になりませんね。もし医学書を出版したり、宇宙科学についての本を企画しようとしても、専門分野に関するある程度の知識がないと、誰に執筆をお願いしたらよいのか、どのような本を書いたら売れるのかがわからない。漫画や推理小説、純文学などの本を手掛ける場合も、それぞれに目利きがいるでしょう。良し悪しを評価できる目を養うのは大変です。自動車販売のセールスマンが衣料品を販売するのは難しいでしょ。それぞれの会社は、専門に特化しているから意味があるんです」

「創成社は、純文学の出版はできないということでしょうか？」

「現在の創成社では、無理ですね。意味もありません。いろいろなことに手を出せば、魅力のある出版はできなくなるかもしれません。美味しいラーメンを作れるからと言って、美味しい蕎麦やうどんを作れるわけではありませんよね。南山さん自身、純文学と社会科学の両方の担当は難しいでしょ。人間の能力に限界がある以上、選択と集中が大事なんです」

「選択と集中ですか？」

「そう。大きな出版社は、いろいろな分野に手を拡げることができますが、従業員の人数が違うでしょう。それでも、最終的な意思決定をする人は社長です。社長の能力には限界があります。社長が各分野の特徴を理解していなければ、当然、強みがわからなくなる。たくさんの分野の出版をしているけど、尖ったところがない。平均的な書籍しか出版できなくなるかもしれません。

自動車会社でも、トヨタのような会社とフェラーリのような高級スポーツカー専門の会社とは異なる戦略をとります。多くの人に受ける自動車とマニアックな自動車は、開発段階から異なりますね。

ものすごく辛いラーメンを売りにする店は、子供からお年寄りまでの大きな市場を対象としていません。しかし、特徴を持つことで、一定の顧客を虜にする。尖っていることが魅力です。尖っていることに成功すれば、それが相対的に小さな市場でも、顧客を逃がさない優良企業になれるんです。

だから、新書という限られた文字数で、経営学を網羅的に説明しても、魅力ある本にはならないでしょう。万人に受けようとしても、誰も魅力を感じない本になってしまいます」

■教授からの質問攻勢！　その真意とは？

「南山さんは、大学で何を学んだの？」

「学部では哲学も面白かったんですが、日本文学科だったので太宰治に興味を持って、卒論も博士論文も太宰を研究しました」

「文学部の出身、しかも、文学博士なんですね。じゃあ太宰治を一言で言うと？」

「一言ですか？　う～ん。簡単に説明するのは、ちょっと難しいです」

まさか、太宰について質問されるとは思っていなくて、メグミは慌てた。

「そうですよね。何かをちゃんと説明しようと思うと、簡単ではないですよね」

「太宰の研究は、たくさんの資料や本などから、いろいろな情報を集めたでしょ。３００ページくらい書いたのでは？」

「はい。50万字ほど」

「また、随分書いたね。太宰の作品は、太宰という人間を知らないと書けませんよね」

「はい。もちろんです」

「太宰を説明するのは大変でしょう。ある面を説明しても、別の面を説明しないと誤解されてしまうかもしれない。そもそも、私自身、自分のことですら説明するのは大変です。大学で教えている科目や履歴書、研究業績のリストを書くことはできるが、昨日の私と今日の私が同じかと言うと、少し違う感じがします。まして、30年前の私は、いまの私とはまったく違う。しかも、自分を表現するのは他者との比較だからね。自分を表現するのは、他人を表現する以上に難しいことなんですよ。自分の評価は、他人との相対的関係になります。長所も短所も、代表的な他人を意識して、比較しているわけだし。平均や中央値などの抽象的な彼や彼女に比べて、自分を評価する。客観的に平均的な数値が出ていれば、表現しやすいよね。平均身長に比べて、背が高い方であるとか、平均体重に比べて、ちょっと痩せ気味という具合に。数学が得意とか、英語が苦手というのも、過去の経験における平均値や中央値を意識していることになるんですよ」

このとき、メグミはまだ気が付かなかった。自分を知ることが経営を知ることにつながるということを。経営者は、自分の会社の経営内容を知らなければならない。強みや弱みを評価しなければならない。これは他社との比較である。

しかし、自社を知ることは難しい。常に、相対的な認識が必要である。環境変化に応じて経営も変化しなければならない。技術が変わるたびに、企業は新しい技術を利用する。苦手だった仕事が得意になったり、得意な仕事がなくなったりする。法律が変わると、できるこ

DX（デジタル・トランスフォーメーション）の事例

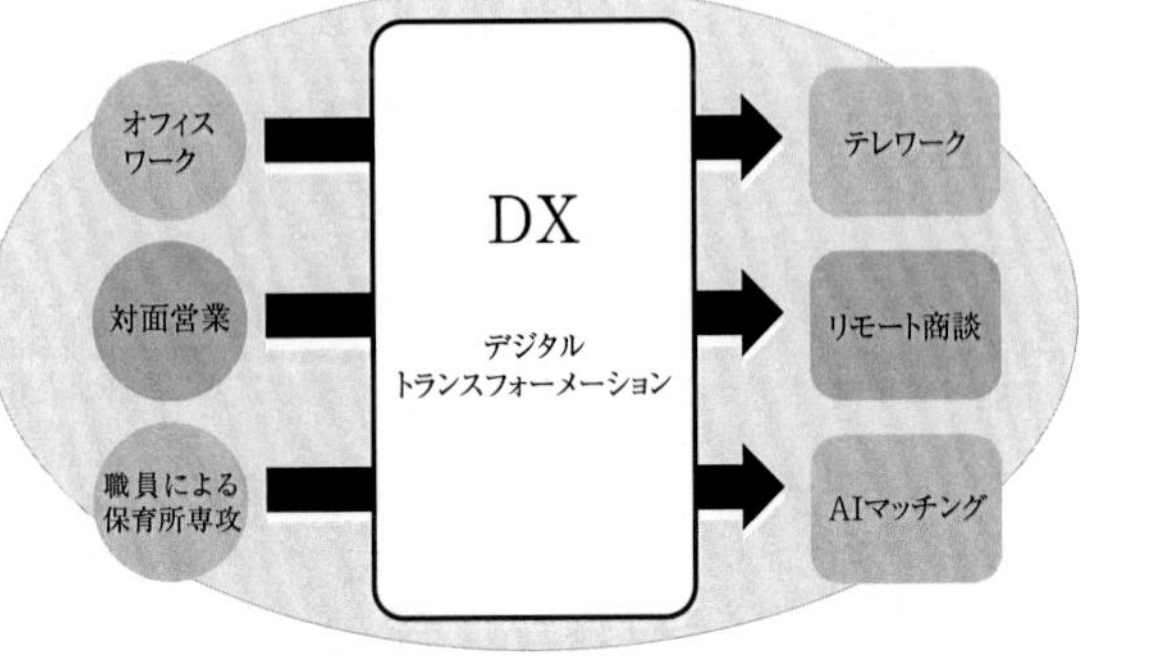

IT技術によってビジネスや生活の質を高める

とできないことが入れ替わる。企業は法人化するが、意思決定する経営者は人間であり、自分を見つめ、他人が集まる自分たちの組織を相対的に位置づけなければならない。多くの評価と意思決定は、質的内容を含むが、質の平均などを知る術がない。数量的に把握できたり、平均値があるのは限られた問題である。

一呼吸おいて、教授は再び話し始めた。

「気分の良い時と悪い時では、まったく違う自分になってしまう。大学にいる時と家にいる時でも違う。学生の前にいる私は、家族と一緒にいる時とは違う自分です。南山さんの研究では、太宰の時代を考え、他の作家との相対的な位置づけを考えたりしたでしょう」

そうなんだ。自分を知るには、他人と比較しながら、自分を相対的に位置づけなければならない。しかも、時代との関係が大事。ＩＣＴ（情報通信技術）やＡＩ（人工知能）、最近はＤＸ（デジタル・トランスフォーメーション）などと呼ばれるらしいが、こうしたよくわからない技術進歩は、私の位置づけを相対的に低下させているのかもしれない。私の仕事をＡＩが奪ってしまうかもしれないという漠然とした不安はある。メグミは、教授の話を聞きながら、自分を見つめ直している。

「だから、私自身のある行動や意思決定に着目しようとしても、自分の全体像を確認しないと、説明ができない」

「ビル・ゲイツとかスティーブ・ジョブズって名前を聞いたことありますか？」

「確か、両方ともコンピュータの会社の創業者ですよね」

「そうです。彼らは、子供の頃に自分が社会に大きなインパクトを与えるような会社を創業するとは考えていなかったでしょう。アマゾンやフェイスブックの創業者も、同じです。時代の寵児というのは、その時代の環境が作り出しています。たまたま自分の関心を持った領域と環境が合致したんですね。私などは、環境の変化に翻弄され続けていますが」教授は口元をゆるめた。

「創業者の人間像は、創業当初の会社経営の説明ですよね。彼らにとって、経営とは何か、どのような意思決定をしているのか、それは人間と切り離せないでしょう」

そう言われて、メグミはハッとした。経営と人間が関係するということを意識していなかったことに。経営をしているのも、社長や上司たち人間だ。教授がPEST分析やSWOT分析などを語った時にも、この基本的な問題には気が付かなかった。しかし、ずっと後になって、経営学は、自分自身を知るためのツールであり、人間を認識する社会科学なのだと思えたのである。

「南山さんは、なぜ太宰治だったんですか？」

教授の質問に対して、メグミは即答できなかった。私はなぜ太宰に関心を持ち、太宰を研究テーマにしたんだろう？

教授は、黙って私の回答を待っている。

「ただ、太宰の小説に興味を持ったからなんですが、ダメですよね、そんな答えでは。女性の目から見る太宰と男性の目では違うかもしれませんし、時代によっても太宰の研究は異なる解釈があるようです。指導教授からも、研究者の環境によって、問題意識や取り上げる内容が異なると言われていました」

「難しいでしょうね。太宰を分析するために、研究者である南山さん自身を分析するということになりますね」

「はい。でも、私を意識し過ぎると何も始まらないので」

経営学の代表的な科目

①企業論	⑨ベンチャービジネス論
②経営管理論	⑩経営情報論
③経営戦略論	⑪国際経営論
④経営組織論	⑫環境経営論
⑤人的資源管理論	⑬生産管理論
⑥コーポレート・ガバナンス論	⑭リスクマネジメント論
⑦コーポレート・ファイナンス論	⑮マーケティング論
⑧中小企業経営論	⑯経営史

教授は、何でこんな話を始めたんだろう？　メグミは、太宰の研究と経営学の企画書の関係を考えた。経営学をある一面から捉えると誤解される。経営学が対象とする問題は多いということだろうか？　しかも、経営学を研究する人、経営学に関心を持つ人が、それぞれに多様な問題意識を持っている。

経営学の科目が多いのは、異なる問題意識を反映しているということだろうか？　それは、時代によっても異なるに違いない。私自身の価値にも影響を及ぼすＡＩなどの新しい技術革新の動きは、経営学の対象を広げているのかもしれない。

執筆者から来る原稿は、メールに添付するようになった。手書きで執筆する人は、ほとんどいない。電話を嫌う人も多い。「これからはメールで連絡して！」と取引先から怒られたことをメグミは思い出した。仕事の方法は毎年のように変化しているし、お金のやり取りはキャッシュレス化してきている。紙媒体の本は、いつまで続くのだろう。通販雑誌を読んでた頃が懐かしい。仮想通貨や暗号資産で話題になったブロックチェーンなどは、企業経営に影響を与えているのだろうか。

「南山さんが太宰に関心を持った理由は、とても重要です。その理由を深掘りするには南山さん自身を研究することになりますが、それは終わりのない研究でしょう。それでも、自分の研究目的を示しておくことは重要です。なぜ疑問に思ったのか、この問いに共感する人が多ければ、意味のある研究になります。経営学も同じです」

経営学が太宰治の研究と同じということか。メグミはなんだかピンとこなかった。

メグミは、そもそも経営を知らない。当然、主体的に取り組む問題意識もない。経営学に関する問題意識は、経営に主体的に取り組もうとする人でなければ芽生えない。それは、経営学が実務者の問題意識に応えるための学問だからなのだが、メグミには、その意識がないから当然だ。

そして、この問題は、経営学の研究者と実務家の溝を生むことにもなっている。メグミは、企画書を作る過程で、この溝が深くなっていることに気が付くことになる。

■経営学という概念は抽象的

「ところで、経営学については、どのように調べました？」

「ネットで検索しました。経営学については、組織運営とか、企業研究とかいくつか見つかりました。でも、それが何を意味するのかわからないままなんです」

「そうですね。幼稚園児に〝組織とは何か？〟とか〝企業とは？〟という質問をしても、チンプンカンプンでしょう」

メグミは、幼稚園児扱いされたと思いムッとして、「組織や企業くらいはわかります」と少し語気を強めて返答した。

しかし、教授は、メグミの心の動きなど気にせずに、

「園児は、椅子やテーブル、すべり台やブランコはわかります。お絵描き遊びや鬼ごっこもわかります。具体的に見たり触ったり、そして実際にすべり台やブランコを経験することで学んでいるんです。鬼ごっこなどはルールを学ぶという意味では、園児には高度な理解力が必要になりますね。将棋やトランプ遊びなどは小学校に入ってからでしょうか？　うちの孫は、まだ3歳になったばかりなので、言葉を覚えたてなんです」

言葉を知り、これを覚えるという子供の発育問題は、経営学の意義を認識する上で決定的に重要だった。特に、経営者は、経営に関する言葉を学ぶことで、自分がやりたいこと、やらねばならないことを認識できるようになる。もやもやしていた世界に形が生まれる。

「たとえば、国家という概念は、国という制度が確立して、国籍を有すると自然に受け入れますね。生まれたときから、日本が存在しており、日本国憲法があり、立法や行政、司法の三権分立の制度が存在している。制度の理解は、選挙や国会でのやり取り、自衛隊の活動や厚生労働省の仕事内容などを知ることで徐々に輪郭ができてきますね。

国家というのは、触って確認できるような具体的な概念ではないので、なかなか理解が難しい抽象的な概念です。ちょっと辞書を引いてみましょうか」

教授は辞書と言いながら、パソコンのキーボードを叩いた。そして、

「たとえば、ある辞書の説明によると、国家とは領土を持つ社会集団で統治権を有する、などと書かれている。でも、領土、社会、集団、統治権という言葉は、それぞれが、わかったようでわからない」

領土は、誰が決めたのだろう？　領土争いで奪い取ったってこと？　社会とは、自然に使う言葉だけど、社会って何だろう？　集団は、人が集まっていることかな？　統治権となると、これを説明するのはかなり難しそうだ。メグミは、教授の説明に聞き入った。

「総理大臣の国家観と私の国家観、そして、すべての人の国家観について、並べて比較することなどできません。おそらく、みんな微妙に異なる国家という概念を持っているのではないでしょうか。経営とか、組織や企業も同じように抽象的概念です」

メグミは、大学までのさまざまな授業内容を思い出していた。小学校から大学まで、学ぶ内容は具体的な内容から抽象的内容に変化していった。文学部で学んだ哲学の講義に関しては、友人同士で異なる意見が交わされた。

「実際に、企業で仕事をしている人に聞いても、企業や組織、経営に携わっていても、経営という概念について、自信を持って答えるのは難しいでしょう。各自の具体的な仕事の内容は、それぞれに異なるし、経験内容が異なります。経営学をネット検索すると、おそらく400字とか800字程度で説明しているのでしょうが、それでは何だかわかりませんよね。経営学とは、これこれの科目を学ぶ学問と説明されても、各科目の内容がわからなければ経営学はわからない。太宰治の生年月日や出身地、代表作を説明されて、太宰治をわかったような気になる人もいますが、それは幼稚園児の理解ですね。単なる情報です。情報は太宰を知るために必要ですが、それだけでは太宰治を知ることにはなりません。経営学も、それと同じです」

メグミは、科目を並べた企画書を思い出して、ちょっと恥ずかしい思いをした。ＩＴだとかＤＸという言葉は知っている。でもその意味を理解しているとは言えない。こうした言葉を頻繁に使っている人たちでも、実は違った意味で使用しているかもしれない。それでは言葉の意味がない。

「南山さんは、博士論文を書き終えて太宰治がわかりましたか？」

「いえ、ますますわからなくなりました」

「それは素晴らしい。わからないということがわかった」先生は、笑いながら2回ほど大きく頷いた。

「でも、時間をいただければ、太宰について、いろいろな説明はできます。今日はちょっと準備してないので無理ですけど」

「そうですね。50万字も書いたんですから」

メグミは、太宰の何を語るべきなのかを考えてみた。しかし、どこから話すべきか悩んでしまう。太宰文学の研究は、私にとって何か価値があったのだろうか、私に何を残したのだろう。あれだけ夢中になって研究していたのに、私には何が残ったのだろうか。

教授は、たくさん書くことの重要性と簡潔に説明することの重要性を説明した。

「やさしい教科書や参考書は分厚いんですよ。薄くてやさしい本があるとすれば、それはやさしいように錯覚させているだけです。あるいは、そもそも、それだけの簡単で単純な内容なのかもしれません。

書き手がたくさんの説明を省略して、自分の好みや都合の良い部分だけを説明したり、いろいろな解釈ができる問題なのに、書き手の思い込みを押し付けたりしている場合もあるからです」

「はあ」メグミが首をかしげていると、教授はさらに続けた。

「先ほど、トヨタやフェラーリなど、自動車会社の説明をしましたが、荷物の運搬や商品の営業目的で使用する自動車は、トラックやワンボックスカーなど、形も大きさもいろいろですし、目的が異なりますね。レジャー用の自動車は、キャンピングカーやスポーツカーのような車までさまざまです。自動車という概念を説明する場合でも、説明の仕方によっては、百科事典のようなボリュームも必要になるし、1行で説明することもできるでしょう。1行で説明される自動車は、非常に抽象的な概念です。利用する人の目的を無視したり、エンジンやブレーキなどの仕組みを無視しなければなりません。〝太宰とは、こういう人だ〟と決めつけられたら？」

「それは、私には受け入れられません」

「そうですよね。他人にこういう人だって決めつけられたら、あなたに何がわかるのって思いますよね」

一言で太宰を定義などできるわけないじゃない。そんなのは、本当の太宰にはならない。太宰の作品を読むこともなく、わかったように太宰を説明する人もいる。太宰の文学は、彼の家庭環境のみでは語れない。日本の作家や外国文学の影響を大なり小なり受けているだろう。当時のマルクス主義の影響はどうだったんだろう。キリスト教や他の宗教の影響も、受けているに違いない。第二次世界大戦は、作品に大きな影響を与えたはずだ。時代が変わるときに、太宰治も変わったはずだ。

「経営学も同じです。一言で説明できない。太宰の研究と同じく、誰が経営学を研究しているのか。経営の目的や仕組みは、どのようになっているのか。時代に応じて、経営学の対象は変化するのか。そうした意味で、経営学は、テーマとなるメニューの数が多くて、そのテーマの料理方法も多様なんです。それでも、メニューに掲載した料理は、簡潔に説明しないといけません」

■経営学を料理する?

「メニュー?　料理方法ですか?」メグミは思わず聞き返した。

「そうです。検索して用語辞書のようなもので調べたんですよね。でも、たとえば、組織と言っても、何の組織だかわかりませんよね。

株式会社のような営利を目的とした組織もあれば、学校や病院などの利益を追求しない組織もある。サッカーやラグビーのチームも組織だし、動物愛好会や釣り仲間も組織になります。そして、当然ですが、組織の目的が異なれば、その運営方法も異なりますよね。組織に関係する人の行動や目的も違ってくるしね。

経営のために必要な資源としては、人・もの・カネ・情報などと言いますが、それぞれに研究のテーマ、つまり料理のメニューとレシピを作ることができるわけです。南山さんが大学のカリキュラムから企画したような、人事管理や人的資源管理、財務管理やファイナンスなどですね。料理のレシピ、つまり研究の方法は多様です。大学の講義で言うと、同じ科目名なのに、担当する先生が異なると違う内容になるでしょう」

確かにそうだ。科目の名称が同じでも、内容が異なるよね。あまり意識はしていなかったけど、文学の科目を思い出せば、教授によってまったく違う授業になるのは理解できる。授業でカバーする範囲だって違う。名前を忘れたけど、よろよろの背広で、15分遅れて教室に来て、20分前に終わって帰っちゃう教授がいたっけ。あの授業は、教科書はなかったけど、シラバスに書かれた内容をちゃんとやったのかな?

教授は、テーブルの上の書物を片付けながら話し続ける。

「たとえば、実務の制度や仕組みを記述的に説明するものがあります。それは、組織の中の営みを観察して、実際の仕事内容を具体的に示し、マニュアル化します。組織の中で仕事をする人には、やり方がわかりますから、参考になります。実務の指南書ですね。当然ですが、こうした実務内容は、法律が変わったり、パソコンやスマホなどの技術環境によって変化します。

記述的な説明でも、現場の直接的な実務とは距離を置いた研究があります。すぐに役立つというよりは、経営の制度や仕組みが変化してきた社会的な意味を問うような歴史的研究です。科学の分野では、すぐに役立つ応用研究がある一方で、いつ役立つのかわからない基礎研究がある」

「社会的な意味って何だろう」メグミは声に出さずに考えた。

「この種の研究は、経営を鳥瞰するために必要な視点かもしれません。企業とは何か、企業の果たすべき役割とは何か、というような哲学的考察から社会のグランドデザインを考えるための研究です。また、それは経営者にとっても、会社の方向性や社会における会社のポジショニングなどを考えるときに必要となるでしょう。制度間の比較により、優れた仕組みも発見できます」

料理のメニューやレシピは、料理の味や香りをイメージできるから楽しいけど、経営学のメニューやレシピは、聞いていてもつまらない。教授の話は、メグミのイメージを膨らませてくれない。メグミは、録音をとっているが、それが役立つか心配だった。

しかし教授は、メグミが理解しているか否かを気にかける様子もなく、話を続けている。

「文学では、どうですか？　たとえば、市民講座でも、〝小説の書き方〟のようなハウツー的な講座から、作家の思想を問うような講座まで、いろいろでしょう。〝太宰治は東京帝国大学の文学部仏文科に入学した〟というような単なる情報から、〝フランス語ができなかったのに、なぜ仏文科だったのか？〟というような意味を問うことは別ですね。外から与えられた事実や資料などは食材です。これに問題意識を持って各自が主体的に考え、解釈することで料理になります。味付けはそれぞれに違ってくるわけです」

ダメだ。久々に頭を使ったせいか、脳が働かなくなってきた。できれば1時間ごとに10分の休憩を入れてほしいんだけどな。

教授は、メグミの集中が切れかかっているのを察したようだ。

「ちょっと話しすぎて、のどが渇きましたね。少し休憩しましょう」

「コーヒーでも買ってきましょうか？」

メグミは、頭を一度クールダウンさせたくて教授に聞いた。

「そうですね。南山さんも少し疲れたでしょう。自販機はドアを出て左の突き当りにあります。このＳｕｉｃａを使ってください」

買ってきたコーヒーを飲むと、教授は「最近の缶コーヒーは美味しいですね。でも私はやっぱり豆から挽いたコーヒーが好きですね」

「コーヒーがお好きなんですね」

「ええ、父親の影響でしょうね。私の父親も大学で経営学を教えていたんです。父親の書斎からはいつもコーヒーのいい香りがしていました。子供の頃は幸せそうな顔でコーヒーを飲む姿を見て、こんな苦い飲み物のどこがいいんだろうと思ってました」

そう言った教授の顔はほころんでいた。

メグミは「先生が経営学を研究しようと思ったのもお父様の影響ですか？」と聞いてみた。

「そうかもしれませんね。そういう環境で育ったせいか、大学院には迷わず進みました。物静かな人でしたが、優しい父親でした。若い時はオヤジの研究は社会の役に立つのかと思っていましたが、今では自分の研究をオヤジが何て言うか、聞いてみたい気がするね」

教授は懐かしそうに目を細めた。

「素敵なお父様ですね」とだけ言うと、メグミは残っていたコーヒーを飲み干した。

メグミのメモ（まとめ）

①選択と集中

- 良し悪しを評価できる目を養うには，専門に特化する必要がある
- 魅力ある特徴を持つことで，相対的に小さな市場でも，顧客を逃さない優良企業になれる

②相対的関係

- 経営者は，他社と比較して，自社の強みや弱みを評価しなければならない
- 技術や法律などの環境変化に応じて，評価や意思決定も変えなければならない

③抽象的概念

- 経営，組織，企業は抽象的な概念で，一言で説明できない
- 外から与えられた事実や資料に問題意識を持って各自が主体的に考え，解釈することが必要

第2章　経営学は発展途上？

「さて、頭がスッキリしたところで、話を続けましょうか」

「はい、コーヒーご馳走様でした」休憩をとったら、パンク寸前だった頭が軽くなった気がする。メグミは再び教授の話に意識を集中させた。

「太宰治は、さまざまなアプローチで分析できますよね。料理のメニューは無限にありそうです。人間を知るというのは、多面的な分析が可能です。経営学も同じなんです。特定の優れた経営者や平均的経営者の社会的な営みを観察して、そこから何らかの一般化を試みるわけです。経営学以外の学問との関係からは、経営者の人となりを人文科学的に分析したり、経営活動の原因と結果をまるで物理の法則のように分析したり、経済学的な分析や社会学的分析、行動科学や心理学など多彩な学問分野からのアプローチが可能なんです。つまり、経営学は、料理のメニューもレシピも自由な学際的な研究分野なんです」

「学際的ですか？」

「学際的と言うのは、学問分野がいくつかの研究領域に重なり合っているということです。料理で言えば、和食と洋食と中華の折衷、創作料理みたいなイメージで考えてください」

メグミの目が宙を泳ぎ始めたのを感じたのか、教授はゆっくりとした口調で、

「だから、経営学の新書を書くのであれば、想定する読者が、『経営学』と聞いて、何をイメージするのか。まずは、ここからはじめて、テーマを絞り込まないといけませんね。経営学を研究する者は、各自の専門とする領域についてては深い知識を持っていますが、『経営学とは何？』と漠然と問われると困ると思います」

「困る？　慎重になるってことですか？」

「そうです。経営学を明確に定義する研究者はほとんどいません」

「えっ？　経営学の先生も経営学がわからないんですか？」

「ある意味では、そうです。いま説明したように、経営学は学際的な学問です。マネジメント・ジャングルと呼ばれるほど、経営学は学者によって多様な捉え方をしています。

先日、ある学会で経営人材の育成をテーマにしたシンポジウムを開催したんです。私が司会役となり、パネリストはさまざまな視点から報告されました。そのパネリストの先生方に経営者の定義を確認したのです。経営人材を育成するのですから、経営者を定義しておくのは当然ですよね」

メグミの頭には、会社の社長の顔が浮かんでいた。企画書にも、トップ・マネジメント論という章を設けていた。

「しかし、この定義は意外と難しいのです」

「社長じゃないんですか？」

「社長というのは、法律的な役職ではないのです」

「えっと、それじゃ会長ですか？」

「会社法では、取締役や代表取締役、執行役、監査役などの機関が定められています。こうした会社法で定められた機関とは別に、日本の実務界では、社長や会長、顧問、専務や常務、部長や課長などの役職が決められます。最近は、ＣＥＯとかＣＯＯというような3文字の略称で肩書きを述べる人もいます」

「社長も会長も、法律上の役職ではないんですか？」

「そうですね。問題は、テーマが経営者の人材育成についての議論であるのに、経営者の定義が不明確なんです。代表取締役、つまり、普通は代表取締役社長とか代表取締役会長と名乗るのですが、こういう代表取締役に限定するのか、取締役や監査役を含めるのか、さらには、取締役ではない、部課長などの中間管理職を含めた管理職を経営者として議論しているのかが曖昧だったのです。私が質問をするまで、報告者の先生方は、自分で勝手に経営者をイメージして論じていたのです。おそらく学会に参加して、このシンポジウムを聞いていた学会会員も、そうした明確な定義をしないまま、自分なりに経営者をイメージして報告に耳を傾けていたと思います」

「経営学は、経営者が必要とする研究をしているはずですよね」

曖昧な前提のまま議論を積み重ねているとすれば、当然に結論は曖昧なものとなる。経営者を定義しないまま、経営者を観察するとなれば、観察結果に差が生じるのは当然だ。経営学は、かなりいい加減な学問なのかもしれない。

「それじゃ、経営学の本なんか書けなくないですか？」

「そうですね。誰もが納得するような経営学を1冊の本にするというのは難しいでしょう。だけど、それは経営学に限ったことではありませんよ。たくさんの研究者が、いろいろな目的と研究方法で太宰治研究をしているでしょう。しかも、明確な定義づけをしないままに議論を進めることが意外と多いのでは？」

「あっ、はい。博士論文の審査の際に、〝この意味は何ですか〟と問われて、はじめて説明不足に気がついたり、自分で書いた文章にもかかわらず、読み返すと自分でも意味が不明であったりしました。情けない話です」

「学会で論争となる研究のほとんどが、曖昧な定義に原因があるんです。曖昧な定義が原因の論争は、意味のある論争ではありません。単なるすれ違いです。太宰の研究をめぐっても、そういう不毛な論争がありませんでしたか」

「えーと、そうですね。太宰を取り巻く環境については、歴史的な資料から、ほぼ一致していると思います。裕福な家に生まれたとか、家族構成とか、彼の書いた小説とか、ネット検索で理解できる用語解説のようなものですが。でも、太宰治の文学研究となると、まだまだ多彩な研究ができると思っています」

「そこです。まだ研究すべきことがあると考えている。これ以上の研究が必要ないということになると、研究者はその問題に関心を持たなくなります」

メグミが太宰を研究したのは、まだ知るべき太宰があると感じたからだ。少なくとも先行研究を読む限り、自分の疑問を解くものはなかった。

「その領域における研究が、すべて完成されたのであれば、学問とは言えないでしょう。仮説は、すべて検証され、反証されなくなる」

どのような方法でも、仮説の間違いや説明不足の部分を指摘できないとすれば、それは科学ではない。そう。反証可能性については、科学哲学者カール・ポッパーが提唱していた。

「すべてが解かれている問題。そうなると、研究は必要ありませんね。学ぼうとする気も起きないかもしれません。クイズ王はすごい記憶力で、頭の良い人なのでしょうが、難しいク

カールポッパーの反証可能性

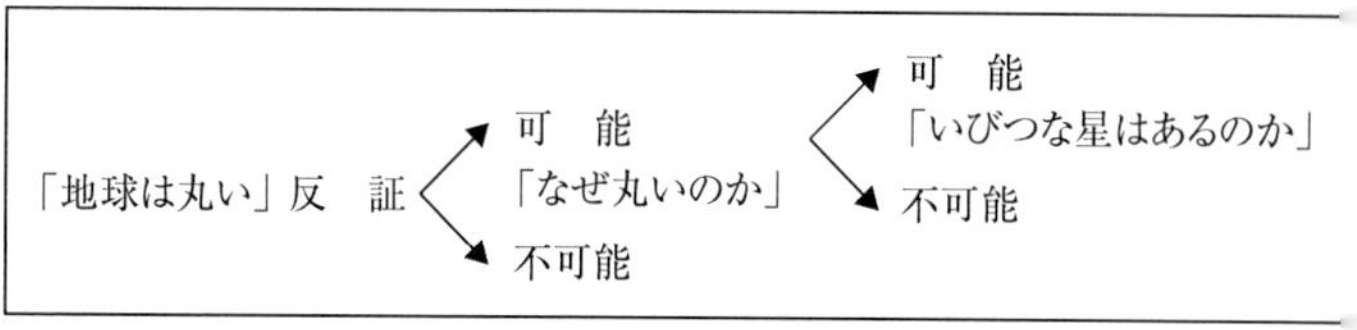

イズに答えても、人類の役には立ちません。記憶だけであれば、間違いなくネット検索の方が優れています。うんちくを述べて、過去の知識をひけらかす人だけでは、未来を創造することはできません」

経営に関する諸問題が曖昧であったり、論争が起こることで、研究が行われ、新しい知識が作られていくということか。

「地球は丸い球体である。人間には空気が必要である。これらの問題は、もはや仮説ではない。そうなると、これは研究の対象にはならない。地球を球体と認識した上で、これを前提にして研究を進めます。

多くの研究者が、共通の問題意識を持ち、仮説を設定し、その検証が続くことで、その研究領域の知識が蓄積していきます。先人たちの研究によって、ある程度の納得感を抱ける状態になるということです。そうなると、モヤモヤしていたことが言葉で説明できるようになります。言葉で説明できるということは考えることができるということです。

もちろん、地球が球体であることが確認されても、なぜ球体なのか、星はすべて球体なのか、いびつな形の星があるのか、というような疑問が起こりますね。人間が生きるのに空気は必要だけど、空気の正体は何か。窒素と酸素の両方が人間に必要なのか。酸素はどのように作られるのか？　と言うように疑問が浮かぶようであれば、研究は継続され、仮説が次々に生まれる」

■制度化した学問って何ですか？

経営学という学問は、依然として、疑問に満ちあふれ、次々に仮説が生まれている発展途上の学問だと言いたいのだろう。

「だけど、一連の仮説が証明されていくことで、何に関心があり、何を解こうとしているのかが説明できるようになる。これが特定の学問領域となるわけです。

たとえば、経済学は、社会科学の中では、おそらく最も制度化された学問です。それでも主流派と非主流派があります。制度化されているのは、主流派の経済学で、労働価値説に依拠した古典派経済学から発展した新古典派経済学です。非主流派の代表は、マルクス経済学かもしれませんね。日本では、マルクス経済学以外を近代経済学と呼ぶことがありました。近代経済学には、新古典派経済学にケインズ経済学を含めます。１９５０年代から60年代にかけてはマルクス経済学を「マル経」、近代経済学を「近経」と呼んでいましたが、当時は「マル経」の研究者が多く、経済学の主流派であったようです。その他にも制度派経済学や新制度学派など、いろいろな学派が存在しています」

労働価値説だとか、マルクスやケインズとか、聞いたことがあるような名前だけど…。

「先生、制度化って何ですか？」

「制度化した学問とは、標準的な学問体系が成立した学問だと考えてください。新古典派経済学のミクロ理論とケインズ経済学を総合したマクロ経済学の教科書は、世界中のほとんどの大学で同じような内容になっています。公務員試験などの問題にも採用しやすいでしょう」

マクロとミクロって、大きい経済学と小さな経済学ということでいいの？

「主流派というのは、その立場上、常に攻撃の対象になります。反主流の学派から批判を受け、そうした批判をかわすことで主流派の地位を守っているのです。教科書になったり、公務員の試験問題に採用されるくらいですから、主流派経済学の牙城はしっかりしていて、そのガードは非常に硬いんです。つまり、風雪に耐え、多くの攻撃から身を守ることで、学問の体系としては、なかなかしっかりとして見える。厳格に見える学問の体系化により、制度化した学問と言えるようになります」

「主流派の経済学は教科書になっている経済学で、それを制度化した経済学と言うんですね」

「ええ、でも、制度化と言っても、制度派経済学とか新制度派とは異なりますから注意してください。制度学派や新制度学派は、標準的なテキストでは扱われないため、制度化した学問とはみなされていません」

「先生、今さらなんですが、〝セイド〟は精密な精度ですか？　それともルールなどの決まりとか仕組みの制度ですか？」

「すみません。インスティテューション（Institution）の制度です。制度学派は、インスティテューショナル・エコノミクス（institutional economics）の訳です。人間の経済活動は、さまざまな社会的な関係や約束事で決まっているので、社会制度を無視した抽象理論では、説明できないという立場で、研究している経済学者たちです。

制度化した学問は、さまざまな攻撃に耐え、厳格に見えるからと言って、本当に『しっかりしている』ということではありません。真理に辿り着いているわけではないのです。考え方のフレームワークなどが確立しており、使用する専門用語も常識化している学問です。研究者は、標準化したフレームワークの中で、新たな仮説を考え、これを検証しようとしているのです。天動説が常識の時には、天動説と矛盾しないように物事を考えようとするわけですから、真理か否かは別なんですね。

こうした経済学と比較すると、経営学はほとんど制度化されていないということになります」

そもそも、仮説とか検証とか、メグミが太宰治の論文を作成するときに、こうした問題は意識していなかった。特に考えなかったような気がする。社会科学は、自然科学のような研究なのだろうか？

■考えるための実験室とは？

「仮説や検証という言葉は、そうですね。実験装置や実験室のようなものです」

「えっ、実験室なんですか？」

「太宰治の博士論文を研究する上で、実験装置や実験室はありませんでしたか？」

「特に意識しませんでした」

「私は『人間失格』や『走れメロス』など、太宰の小説を何冊か読みました。だけど、南山さんとは違って、研究対象と考えたことはありません。ですから、どのような研究がされているのかは知りません。でも、南山さんは、太宰の小説の何かに興味や関心を持ったんですよね。〝何でだろう〟〝調べてみたい〟という疑問が、研究の始まりですね。そして研究対象に太宰を選んだ。


〝何でだろう〟という疑問を解くことに、他の人も賛同してくれ、これを共有してくれると研究になります。もちろん、その研究成果が〝人間とは何か〟とか〝社会とは何か〟ということに関わって、人間や社会を新たな視点で認識できるようになることが重要でしょう。南山さんは、太宰という人間を知ることで、自分自身の理解を深めていたのではありませんか？　そして、南山さんの研究に共感して、同じように自分を見つめる第三者がいるでしょう。こうした点は、自然科学とも共通しています。対象は自然ですが、人間に何らかの影響を与える真理を追究しています。いずれにしても、南山さんが問題とした疑問に多くの人が共感しないとダメなんです。自分だけの関心では、ただのオタクの興味であり、趣味の世界で終わります」

「私の論文はオタクの研究だったかもしれません」

「いえ、博士論文として認められた研究は、ただのオタク研究ではありませんよ。審査員の先生方は、あなたの研究が人間に貢献すると評価したはずです。

先ほど、多くの人の関心事でなければ意味がないと言いましたが、それは現在の人だけではありません。将来、多くの人が関心を持ってくれれば良いのです」

「将来ですか？」

「そうです。たとえば、最先端の科学的な研究などは、限られた人しか理解できないかもしれません。しかし、その成果が多くの人の関心領域になるか否かが重要なんです」

「私の研究が将来に役立つ？」

「そうです。博士の学位を取得するということは、そういうことです。自信を持ちましょう。誰もが興味のないことや当たり前のことを論じても、評価されません」

「審査委員の先生は、私の論文を評価してくれたんですね」

「そうですよ。南山さんが論じた内容が、1つの不思議を解決したわけでしょう。あるいは常識と思われたことが間違いであったことを論証したのかもしれない」

「先生、常識は簡単には変わらないと思います。私の研究は、常識の範囲内の問題だったと思います」

「まあ、そうですね。常識を変えるというのは大変です。天動説が普通であった時代に地動説を唱えるとか。パラダイムの転換とかいうのは、大変なインパクトを社会に与えますね。しかも、そのインパクトは、これまでの物事の考え方を変えてしまうので、当然、社会の仕組みが変わる。社会の仕組みは、利害関係者を構築しているので、これまで利益を得ていた人々、権力を保持していた人々にとっては一大事です。

そういう研究は、これまでの主流派の多くの人に反対されたり、非難され妨害されます。生死にかかわることもあるでしょうね。

それほど大きなインパクトがなくても、常識と非常識の狭間がある。誰も考えなかったところを研究にする。これも常識的な研究ではないんです。先行研究にない研究は、その人のオリジナルな研究となります。これは常識的研究とは言えませんね」

「なるほど」

「経済学では身近な例がありますよ。たとえば、ダイヤモンドと水の価値とか、貯蓄に関する合成の誤謬《ごびゅう》等は、典型的な例でしょうね」

「ダイヤと水？　合成の誤謬？」

「ダイヤと水は、どちらが高い価値ですか？」

「もちろんダイヤですよ」

「でも、ダイヤがなくても生きていけますよね」

「それはそうです」

「この当たり前のようなことを不思議に思った人がいたんです」

「確かに、不思議と言えば不思議ですが、あまりに当たり前すぎて、考えてみようとは思わないですね」

「そうですね。でも、水は生きるために欠かせない貴重なモノです。使用価値は高い。一方、ダイヤは見せびらかすための装飾品としての価値があっても、命にかかわることはない。この議論は、経済学の基本的なテーマとなり、需要と供給の理論につながったんです」

「需要と供給ですか？」

「需要が同じであれば、供給が多い少ないで価値が決まる。供給が同じであれば、需要の大きさで価値が決まる。需要だけでも、供給だけでも、価値は決まらない。今は当たり前の理解になりましたが、需要と供給という2つの側面から価値を考察するのは、画期的なことなのです」

「新しい見方を提案したということですね。先生、合成の誤謬は、面白い言葉ですね」

「気になりましたか？　節約することは、美徳と思いますよね。でも、全員が節約すると買手がいなくなって経済が低迷する。アリよりはキリギリスの社会が繁栄するんです」

「私は、堅実で節約家のアリの方を応援したいですけど」

「人が消費するというのは、市場経済では他人の生産物を購入するということです。他人に依存しているということです。消費財を販売した人は、代金を受け取りますよね。受け取った代金は、また別の他人の生産物を購入する。この連鎖が続くと、消費が消費を呼びます。みんなが他人に依存しあうことになり、生産物が増加するのです。消費が所得を増やし、社会全体の貯蓄が増えるということです。

浪費による消費の増加、つまり需要が所得を増やすという議論なんです。それまでは供給が需要を生み出すというセイの法則、それはジャン・バティスト・セイというフランスの経済学者の法則ですが、これとは異なり、需要が供給を生むという理論を提案することになったのです。ジョン・メイナード・ケインズの有効需要の原理ですね」

経済学は、需要と供給で分析する学問なのだろう。メグミは、経済学を自分なりに定義した。

「話を実験室に戻しましょう。水とダイヤの話も、合成の誤謬の話も、実験室を作っています。水のない砂漠で生きるか死ぬかの状態のとき、水とダイヤの価値は逆転します。砂漠という実験室を想定すれば、水の価値は非常に高くなります。消費の増加が貯蓄を増やすという場合も、操業度を仮定しています。操業度が100%では、今すぐには生産を増やせません。消費を増やすには、設備投資が必要になります。時間がかかりますね。想定する時間を変更することが必要です。短期と長期の区別です。いずれも、ある種の状態を仮定して議論を展開しているわけです。仮定した状態とは実験室です。

南山さんの太宰の研究でも、無意識のうちに実験室を仮定しているはずです。

たとえば、この1行の文章は不自然な感じで挿入されているが、なぜだろう？　というのが南山さんの研究の目的だとします。幼少時代の何らかの経験が、この1行の文章になったのでは、という漠然とした想定をしてみて、問題を絞り込み、さらに〝幼少期のある特定の事件が、その後の太宰の成長過程における社会的思想と相まって、彼の人格形成に影響を及ぼし、こうした文章の挿入となった〟という説明をしたとしましょう」

メグミは、自分の論文と共通している部分があるように思えて何だかもっともらしいと感じた。

「これは仮説ですよね。真実は太宰しか知らない。あるいは太宰自身も自覚していない」

「本人が自覚していないようなことを考えるんですか。そんなことわかります?」

「南山さんの論文は、太宰自身が納得したわけではありませんよね。太宰は、〝そんなこと考えていないよ。勝手に解釈しないでよ〟と言うかもしれないでしょ。国語の試験などでも、著者の考えていないような解釈を求める問題がありますよね」

「そうかもしれません」

「先ほどの貯蓄の話などはそうでしょ。自分の節約行為が社会の所得を減らして、回り回って自分の所得と貯蓄を減らしてしまう。まさか自分の節約行為が自分の貯蓄を減らすなど思っていないでしょう。

本人も自覚していないというのは、かなり重要なんですが、こうした仮説をさまざまな資料で説明し、証拠固めをしていく。〝節約するという原因によって、貯蓄が減るという結果になる〟これが仮説です。

そして、さまざまな証拠を示して、論文を読んだ人に尋ねるわけです。〝この原因と結果の関係性、皆さん納得してもらえますか〟と。納得する人が多ければ、検証はうまくいったということです」

「はい。でも実験室というような仮定を設けていないように思います」

「いえいえ、無意識のうちに実験室を作っているんです。もし実験室がなければ、仮説を検証することはできません」

「そうですか？」

「幼少期のある特定の事件を想定した段階で、幼少期のその他の出来事は無視することになります。数えきれないほどの経験の中からある特定の事件を取り上げるということ自体が、他の事象が入り込めない実験室になります。

会社が広告費を増額すべきか否かを考えるときにも実験室を作っています。たとえば、アイスクリームの売上は、味や量、価格や販売方法などで変化します。ライバル会社の戦略も影響するし、気温にも左右されるでしょう。広告費を増やすべきか否かを考えるときには、広告以外の問題は与件とします。つまり、売上と広告費以外は考えないことにするわけです。これも実験室です。

でも、考慮しなければならない要因は、厳密にアイスクリームの売上を予想しようと思えば無限に近いでしょうね。」

メグミは、厳密な売上予想などできないということしか考えていなかった。しかし、経営者は、そういう努力をしているのかもしれない。

「ちょっと極端な話をしてみましょう。アイスクリームの売上は、経営者がコントロールできない気温に関係しますが、スマホの通話料ともかかわるでしょう。ほとんど軽微な影響かもしれませんが、通話料が10倍になればアイスクリームを買うお金がなくなりますから、無関係ということではありません。また、和菓子や洋菓子のデザートが流行すると、アイスクリームの需要が減る可能性がありますね。ダイエットブームによっても、アイスクリームの需要は減るでしょう。

このように厳密にアイスクリームの需要を測定するとなると、無限の要因をモデルに組み込んだ理論が必要になります。しかし、それは意味があるでしょうか?

経営者は、重要な影響を及ぼす、ある特定の要因に着目することで意思決定できます。そのため、考慮すべき要因を選び出して、その他の要因は所与としているのです。人間の能力は限りがあるので、合理的に判断できるように、選択肢を絞り込んでいるんです。

隣町のケーキ屋の開店は、うちのアイスクリームの売上減少に0・1%の影響を及ぼすかもしれない。わが町の和菓子屋の閉店は、うちのアイスクリームの売上増加に0・2%の影響があるかもしれない。どうですか?」

「確かに、ちょっとどうでもいいような気がします」

「こうした影響をつぶさに調べ上げて売上の予想を立てることに意味があるとは思えない。人間は、完全な情報収集と計算機のような能力を持っていない。パソコンを持っていたとしても、正確な情報がなければ意味がないし、そうした計算をすることの労力が売上の0・5%に匹敵するかもしれない。

些末な問題を所与とする、つまり、固定化してしまう。軽微な影響になりそうな諸問題は、すべて一定にして重要な変数だけを取り上げる。分析したい内容によっては、気温を無視することもある。20年間の耐用年数を持つアイスクリーム工場を建設するとき、多少の気温変化については考える必要がない。〝価格は100円の状態で固定して、広告費を増やすと売上はどうなるか〟というように、他の要因を固定して考えるのは実験室を作ることを意味します。

他の要因は売上に関係しているのですが、その影響を隔離すること、意図的に無視することで、実験室を作るのです。

幼少期や青年期のすべてのことが、大なり小なり、太宰のモノの考え方や価値観の形成、彼の行動に影響していることは否定できません。しかし、すべてを網羅的に取り込もうとすると、何も説明できないことになります。実験室とは、問題を絞り込んで、〝仮説を説明するために何が重要な要因なのか〟ということを考えるためのフレームワークです」

太宰の研究は、他の作家との相対的関係で考察しなければならなかった。太宰に光を当てるということは、他者を知ることでもある。それにしても、教授の話は経営学の話よりも、経済学の話が多い。経営学を知るためには、経済学やその他の社会学との関係を知る必要があるのかもしれない。

メグミのメモ（まとめ）

①制度化

- 制度化した学問とは，考え方のフレームワークなどが確立しており，使用する専門用語も常識化している学問のこと
- 経済学と比較すると，経営学はほとんど制度化されていない

②合成の誤謬

- 節約することは美徳（ミクロ）だが，全員が節約すると買手がいなくなって経済が低迷する（マクロ）

③需要と供給

- セイの法則（供給が需要を生み出す）
- ケインズの有効需要の原理（需要が供給を生み出す）

第3章　実務に応える経営学は制度化が難しい

■古くからある経済学と新しい経営学

「経営学は、経済学と比べると歴史が浅いですね」

「経営学と経済学の歴史ですか？」

「経済学の歴史をたどると、多くが哲学者や政治学者、経済思想家などと評価され、博士の学位を取得して、大学で講義を担当したり、政治家であったりします。１７７６年に『国富論』を書いたアダム・スミスは、経済学の父と呼ばれていますが、道徳哲学の教授でした。比較生産費説を論じたデヴィッド・リカードは代議士でした。

新古典派経済学を代表するアルフレッド・マーシャルは、イギリスのケンブリッジ大学の教授で、１８９０年に主著『経済学原理』を出版しています。彼の本は、限界効用による需要曲線と生産費の説明による供給曲線を理論的に説明しています。そして、この本は、経済

経済学の歴史

スミス	『国富論』	「神の見えざる手」
リカード	『経済学および課税の原理』	「比較生産費説」
マーシャル	『経済学原理』	需要曲線と供給曲線
シュンペーター	『経済発展の理論』	イノベーション
テーラー	『科学的管理法の原理』	科学的管理法
メーヨー	『産業文明における人間問題』	ホーソン実験，人間関係論
ファヨール	『産業ならびに一般の管理』	管理過程論

学の教科書になっています。

イノベーションで有名なヨーゼフ・アロイス・シュンペーターは、1912年に『経済発展の理論』を発表します。彼も博士の学位を持つ大学教授です」

「経営学とはどういう関係にあるんですか？」

「経済学は、国富に関する問題を対象にしており、さまざまな先人の研究から問題を認識した学者や国レベルの社会問題を抽象化した政治家的認識から出発しています。国家というような意識が成立し、統治者が存在した時から研究が行われているのです。

それは、アダム・スミスより、はるか以前から行われていたわけです。研究対象に関する知識が蓄積されていたのです。産業革命のはるか昔から研究の蓄積があるのです。ですから、経済学の父どころか、祖父も曾祖父も、そのまた先祖の人々が研究をしているということです。ただし、スミスが見た産業革命は、新しい経済学を作ることになります。

国を豊かにするための研究には、蓄積があります。国を治める統治者は、国を豊かにすることに関心がありました。統治者にとって、自分が支配する領土は自分の財産のような意識があったかもしれません。そのためには、自分の国を統治するための管理技術が必要です。国の経営です。売買などが当たり前でない時代から、国家という組織の経営問題はあったのです。そのため、専門の仕事として、先人の研究データを資料として集め、これを客観的に研究対象とする学者の仕事が必要とされていたのです。政治や国富の研究者です」

「経済学は、政治と結びついていたんですね」

「そうですね。ですから、現在のような経済学になる前は政治経済学と呼ばれていたりしました」

「なるほど」メグミは声を出して頷いた。

「一方、経営学は企業という組織の統治問題です。企業が組織化しなければ、経営学は誕生しません。

自分の財産が確立して、企業と家計というような分業経済が成立しても、自分や家族の財産を管理する程度では、家計簿的な記録で十分です。個々の生産者は、自分の財産を管理していたでしょう。しかし、家族の仕事の分担を詳細に決める必要はないでしょう。夫婦間の問題や親子のしつけの問題でした。それは、各家庭で独自の知識が蓄積していたにすぎませ

企業と家計と政府

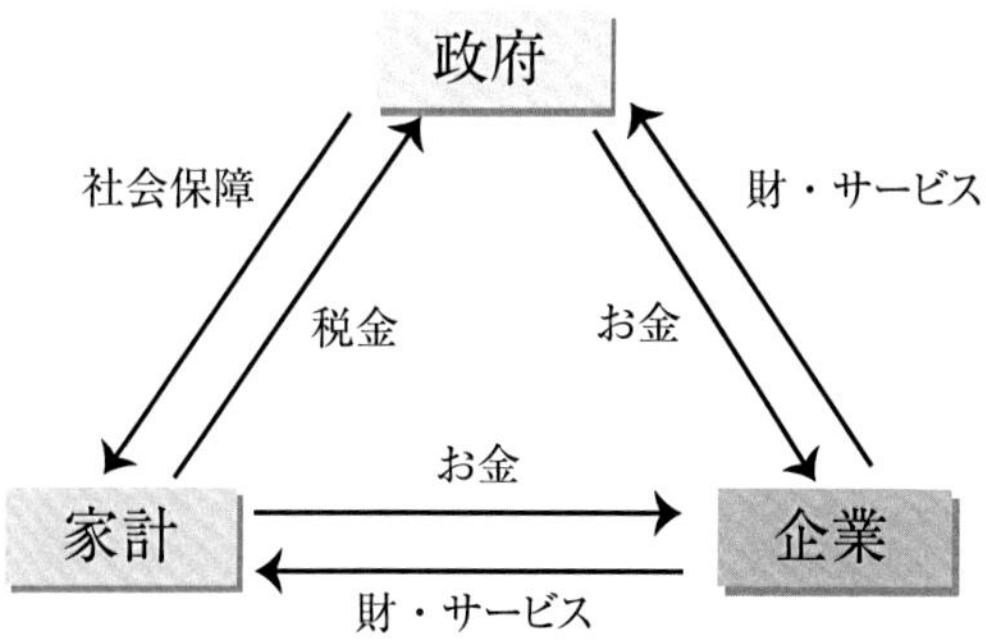

ん。家族的な規模の生産者ばかりで、それぞれの生産者は、自分の経験などに頼った試行錯誤的な経営を行っており、そのノウハウなどは家族内で承継していたのでしょう」

「狭い範囲で使われていたんですね」

「そうです。しかし、企業が大規模化し、組織化すると、国家管理と同じく、他人を1つの目的の下に束ねる必要が生じます。企業は家族以外の人間を統治することになり、経営学が生まれます。企業が組織として確立するまでは、こうした必要性はありません。ビッグビジネスが誕生することで、経営に関する情報の蓄積が始まり、専門の研究者が生まれることになります」

「ビッグビジネスが、経営学誕生の背景にあるということですね」

「そうですね。本格的に経営学が普及するのは、ビッグビジネスの管理問題が浮上したせいでしょう。

歴史を重ねた経済学は、多くの定義によりさまざまな事象や行動を抽象的な概念として分類してきました。物事の基本は意味を分類して、事象を認識することです。長い時間をかけて、資本主義経済という社会の仕組みを抽象化する言葉が整理されてきたのです。企業と家計、市場、国民所得、そして、労働者や地主、資本家に対応した所得として、賃金、地代、利子、利潤といった報酬の分類をしています。消費や貯蓄、投資などの概念など、経済活動にかかわるさまざまな概念が作られました。いずれの言葉も、私たちが日常的に使用していますが、言葉には説明するための目的があることを忘れてはいけません」

「説明するための目的ですか？」

「そうです。企業という言葉は生産主体であり、生産物の売り手になりますが、生産するための生産要素、つまり労働力や自然資源、資本の買い手でもあります。家計は消費主体であり、企業の生産物の買い手となりますが、生産物を購入するために生産要素の売り手になります」

メグミにとって、企業や家計という言葉にこのように特別な意味があるとは思わなかった。

「経済学の主流派は、こうした言葉を厳密に定義しながら積み上げ、標準的な教科書を作ってきたのです。厳密な定義は、実験室を作るための工夫でもあり、数式のモデルによる精緻化が図りやすい内容となりました」

「言葉の定義が厳密になれば、標準化した教科書が作りやすいということですね」

「その通りです」

そして、大学における経済学の職場が形成されると、学派間の競争や研究方法をめぐる標準化の競争が起こります。経済学の若手研究者は、大学の職を得るためには、主流派の研究目的と方法に従わねばならず、主流派はますます勢力を拡大することになります。標準を手に入れることで、勢力拡大が容易になるのです」

「なるほど。標準になるって大事なんですね」

「そうですよ。企業の製品にしても、標準をめぐる競争です。日本の携帯がガラパゴス化したことでグローバル競争に敗れたのは良い例ですね？　キーボードの配列なんかは、必ずしも打ちやすい配列ではないのに、タイプライター時代の打ち方が世界標準になっています。

歴史がある学問は、標準化を手に入れたことで、同じようなモノの見方をする研究者を増やすことになります。ですから、一旦標準化した経済学を受け入れると、経済学部のカリキュラムは大きく変化することがありません。標準的な経済学は、市場の価格機構がすべての問題を解決するようなストーリーを作ったのです」

「価格機構ですか？」

「ええ。標準的な経済学は、市場価格によって希少資源の最適配分が実現できるという理論なのです。みんなが欲しがる商品の価格は上昇し、あまっている商品の価格は低下する。価格が高くなると利益が増えて、労働者を雇用したり、機械設備などの投資をして、さらに多くの生産ができる。価格が低下すれば、生産を増やすことができず、従業員の雇用が難しくなって、最悪の場合には廃業に追い込まれる。このように、価格の上下で資源が配分されるということです」

希少資源を最適に配分する？　これって110円の缶コーヒーにも当てはまるのかな。よくわからないけど、今は悩んでも仕方なさそう。

「一方、経営学は、どうでしょうか。経営者は、環境が変化する都度、問題を発見し、その解決手段を探さねばなりません。そのために、常に情報を探索して、新しい仮説を構築しなければなりません。市場価格も大事なのですが、価格情報だけでは経営問題の解決はできないのです。情報を収集し、これを分析し、意思決定をするのが経営者の役割です。従業員が働かない理由や製品に欠陥が生じる理由、他社に比べて製品やサービスに人気がない理由を考えねばなりません。解決手法が見つかれば、それが仮説となり新たな言葉を生みます」

メグミは、情報の重要性を改めて認識した。情報が仮説を構築し、これが検証されると新しい言葉となり、経営者の意思決定になる。戦国時代も情報が勝敗を決めたし、江戸時代が長く続いたのも、忍びの者の役割が大きかったのかもしれない。

「現代は、情報技術の進歩により、最新の情報技術を使いこなせる経営者が市場の価格情報を超える意思決定を行えるのです。市場競争に勝ち残る意思決定とは、市場価格をただ受け入れるだけではなく、経営者の意思決定により価格を変えることなのです。

価格は情報ですが、経営者のいろいろな意思決定の結果が情報として集約されているというわけですね。そして、その価格が成立するさまざまな環境を認識する言葉が必要になります。経営に関わる言葉が増えることは、それだけ研究領域が多様化することを意味します。言葉により分類された事象や行為などは、それぞれに因果関係があります。その結果、多くの検証すべき仮説が生まれるのです。人が剪定し整えた庭園の木ではなく、無秩序なジャングルの状態だと考えてください」

「無秩序なジャングル？　先生、もう少しわかりやすく説明していただけますか」

「ちょっと、抽象的過ぎましたね。アイスクリームの需要の話をしましたが、経済学は、主としてアイスクリームの価格と購入される数量や生産・販売される数量、つまり需給に着目します。それは、価格と需給以外の問題を無視すること、つまり一定で変化しない所与の問題とすることになります。しかも、価格自体が市場の需給で決まるという設定です。経営者は、価格を決められないのです」

「えっ、商品の価格って経営者が決めているんですよね」

均衡価格

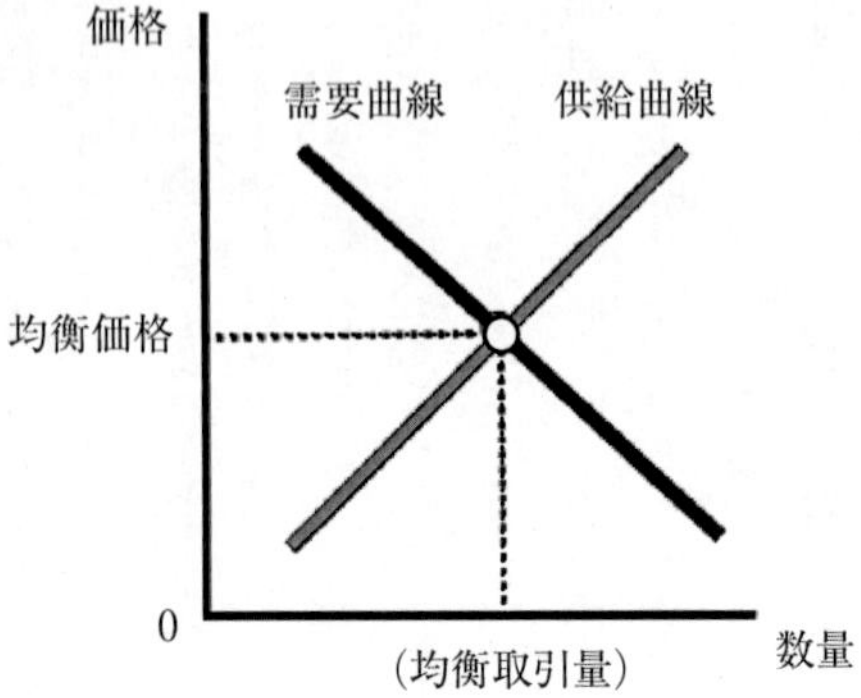

「そうですよ。もちろんです。でも、市場の競争がちゃんと働いていると、高すぎる価格では売れないし、安すぎる価格設定では売れすぎて品切れになってしまう。結果として、需給が釣り合う価格に決まるというわけです。これを均衡価格というのですが、その価格は市場が決めるのであって、経営者の意思には関係ないということになるのです。市場価格によって資源配分が決まるというのはそういう理論なんです」

「たまにこんな高いの誰が買うんだろうっていうものありますよね」

「そういうものもありますね。でも、経営学は、その他の要因にも関心を持っています。アイスクリームを販売する従業員のやる気や経営者のアイスクリームに対する思い入れまで。それは市場の価格情報からではわかりません。そうした情報を集めて、どうすべきなのかを考えなければなりません。経済学と経営学は、

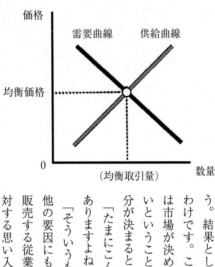

実験室の作り方が違うのです。

経営学は、解決すべき問題が多様ですが、大学における研究職となると、経済学と類似の標準化が起こります。しかし、経営者は、常に新しい現実に対応しなければなりませんから、経営学の標準化は、簡単ではありません。現実に翻弄されていると言ってもよいでしょう。

もちろん、大学のカリキュラムになっていますから、無謀なジャングル探検ではありませんよ。標準化したコアとなるカリキュラムはあるのです。

経営学は、会社の組織規模が大きくなり、管理の必要性が高まるに従って、体系化を進めています。ビジネススクールや大学の経営関係の学部が増加し、学問間の競争とその成果である教育の質的向上を目指すことで、徐々に必要不可欠な内容が絞られるようになってきています」

「大学間の競争ですか?」

「そうです。〝あそこの大学を卒業した人は優れている〟というような評判によって、優れた経営学のカリキュラムや科目の内容が模倣されていきます。競争の結果、必要な科目と不必要な科目が選別されるのです。これは標準化のプロセスであり、普通の商品の競争と同じです。

もちろん、小規模大学であれば、特殊なカリキュラムを作り、差別化することが重要です。日本の大学行政は、どこの大学でも金太郎あめのような同じカリキュラムを作らせてきたことで、ランキングが容易となり、都市部の大学に人気が集まり、地方の大学の定員割れを引き起こしました。これは地方の特性を考えなかったせいでしょう。人口が少ない地方の大学では、ランキングとは無縁の差別化が必須です。

ちょっと横道にそれますが、こうした大規模な都市型大学と地方の大学間の競争は、大企業と中小零細企業の競争と同じなんですよ。大企業は標準化した製品やサービスをグローバルな市場に供給します。大量に生産してコストを最小化します。中小零細企業は、差別化した小さな市場を探さなければ勝ち目はありません。大企業にとっては採算の取れない小さな市場をターゲットにすることで生き残れるのです」

■実務の必要性から生まれた経営学

「経済学は国家や社会の富の全体、希少資源の配分問題を認識対象としています。そこでは、個々の経営者の視点は無視ないし軽視されます。個々の企業は、市場に存在する多数の生産者の1つでしかありません。企業は多様な個性を持っていますが、資源配分に関する共通の特徴以外は意識的に無視して、捨ててしまうということですね。企業の個性は捨象され、均一の生産主体として認識されます。

経営者にとって、経済学は、企業を取り巻く経済環境を認識するために必須な学問です。

経営学の研究者は、自らの研究成果が実際の企業経営に役立つことで認められます。経営者は、経済環境を分析するだけでなく、社会環境や技術環境などの外部環境と、人事や財務、生産や営業、その他の企業内環境を分析しなければなりません。

経営者にとって必要な知識を提供するのが経営学です。それゆえ、経営学部の科目となる内容は、テーラーの科学的管理法とか、ファヨールの管理過程論、ホーソン実験から生まれた人間関係論など、経営実務でその意義を証明することが重要なのです。経営者の悩むところに経営学のテーマがあるのです」

「先生、テーラーって何ですか?」

「経営学の学説を学ぶと必ず出てきます。太宰と同じく、簡単に説明するのは難しいのですが、この先の話をするために、用語解説のような説明をしておきましょう」

「ありがとうございます。テーラーが実務に役立っていることがわかりますか」

教授は、ちょっと困った顔をして、

「実務に役立つことの説明は、非常に難しいんですよ。先ほど話しましたが、自然科学でも、すぐに役立つ発明や発見があります。エジソンのように発明王と呼ばれたりしますね。でも、宇宙の神秘などの研究は100年後に役立つかもしれません。コンピュータ技術が発達していない段階と現在のような状況では、理論研究が実務に役立つまでの期間が短くなっ

フレデリック・W・テーラー（1856 − 1915）

アメリカの技術者。「科学的管理の父」とも呼ばれます。

主要著書には，『出来高払い制私案』（1895年），『工場管理』（1903年），『科学的管理法の原理』（1911年）などがあります。

彼は，１日のノルマとなる作業量を決定するために，労働者の動作と時間を研究して，作業の標準化と課業管理を提案しました。

また，作業管理のための最適組織形態として，職能別職長制度を考案しました。これは，現場任せであった職長の機能を，計画と執行に分離。計画部が策定した計画を作業者に指示を出し，職長が現場の管理を行うというものです。そして，差別的出来高制度の導入により，目標の達成などに緊張感を持たせます。役割を分担する組織の提案も生産性の上昇を意図したものでした。

ています。

私の研究分野では、企業価値の測定や投資決定の理論として、資本コストの測定が必要になります。コンピュータの発展で、あたかも資本コストが測定できるかのようになると、投資決定論が実務のテキストになり、その理論が普及し始めました。しかし、本当のところは実務に役立っていないのです。むしろ、理論を誤解した人々が利用するため、かえって問題を悪化させているのかもしれません」

実務に役立たない経営学に価値があるのだろうか？　メグミは、戸惑いを覚えていた。

「実務家は、必要な問いかけに何でも答えてくれるＡＩのようなモデルを欲しがるでしょう。しかし、理論モデルが正しいということと、測定できることは別問題です。自然科学における理論は、測定を前提としており、測定できない事象には価値がないと

相関関係と因果関係

因果関係・・・「良い作業条件を整えれば，作業能率が向上する」

↕ 人間関係は測定できないから，置き換え不能

相関関係・・・「作業能率は，人間関係にも影響を受ける」

考えるかもしれません。

因果関係のモデルは、ある事態や事象が生じたときに、どのような結果となるかを予想しなければなりません。しかし、人々の価値観は測定できませんし、相関関係的な問題を因果関係に置き換えることはできません。学問を実務へ応用することは、難しいということを認識してください。それでも、実務の要請に応えることが重要です。経営学は、実務の抱える問題点を認識しなければ意味がないのです。そのような前提で、テーラーやファヨールなどを説明します」

■テーラーの科学的管理法

「さて、フレデリック・W・テーラーは、成り行きまかせのいい加減な経営を科学的に管理しようとしました。たとえば、効率の良い作業者のショベルの使用方法等を観察します。ショベルの大きさも作業量に影響があること、1杯当たりの重量などで作業量

に違いがあることを見つけて、最も効率的な作業者とショベルの組み合わせや作業方法をノルマとするような管理方法を考えたのです」

「あまりピンときません」

「たとえば、学生が論文をコピーして、表紙を付け、1冊の研究雑誌を自分たちで作るとしましょう。ゼミの雑誌作りの分担作業です。

各作業工程を数名で分担するのですが、無駄のない作業動作を研究し、ストップウォッチでその作業時間を測定します。手際のよい学生の作業に着目して、その学生の動作を基準にして、1冊の雑誌が完成する時間をノルマとして設定するのです。設定したノルマを果たせた学生の成績はAで、ノルマをクリアできなかった学生の成績にはBというように評価に影響を与える。ゼミ長がノルマを監視するわけです。結構厳しいでしょ」

「ちょっと、嫌ですね。ロボットの部品になっている感じです。ゼミ長とゼミ学生の間にトラブルも発生しそうですね」

「そうですよね。ですから、テーラーの提案は、作業員から反発を買うことになります。人間性を無視した提案と思われたのですね。

しかし、テーラーの人間性に問題があったわけではないでしょう。科学的管理法と呼ばれるように、生産性に影響を及ぼす人間的な部分に関しては焦点を当てず、実験室の外に置いたと考えるべきでしょう。

最初に作業の目的を設定して、これを最も効率的に達成する方法を検討する。機械的にプログラムを策定するように論理的な手順を考える。

労働者と管理者の対立関係を不問にすれば、その考え方は徐々に普及し、労働生産性の上昇に貢献するのです。

自動車会社のフォードは、T型フォードの大量生産により、テーラーの科学的管理法を実務に生かしました。T型フォードは、１９０８年に生産を開始して１９２７年に生産終了しました。モデルチェンジをしない、低価格が最大の武器の自動車です。価格を下げることに成功しただけでなく、労働者の賃金も驚くほど上がりました」

「なるほど。確かに、テーラーの研究は、企業経営に影響を与えていますね」

メグミは、昨年、入社したときに、出版の作業工程を見学したが思い出せなかった。作業者が経験を積むと管理者になって、給料も高くなるのかな。

■エルトン・メーヨーの人間関係論

「科学的管理法の問題は、エルトン・メーヨーの人間関係論につながっていきます。テーラーの時代には生産性を高めることや、その結果としての高い賃金というのが重要だったわけです。しかし、〝人はパンのみに生きるにあらず〟ですね」

「え？　神様の話ですか？」

「社会学者のマックス・ウェーバーは、18世紀初めに『プロティスタントと資本主義の精神』という本を発表しました。キリスト教の信仰を経済の仕組みと関係させるというのは面白いと思います。メーヨーが着目した人間関係は、当然、宗教問題も絡むでしょう。政治的な価値観の相違は、宗教対立の問題を反映していることが多く、多国籍化した企業や多様な従業員を雇用する企業では、難しい問題が発生するかもしれません。

　神の言葉は重要ですが、メーヨーは人間関係に着目しました。というのも、ある程度、十分であった賃金でも、離職率が高かったのです。この問題は、経営者にとっては解決しなければならない問題でした」

「職場の環境って、やっぱり大切ですよね」

「そこで、テーラーの理論の後に登場したのが、メーヨーの理論です。時代とともに、経営学の関心領域が変化しているのです。環境変化に適応するか否かは重要な問題です。

　メーヨーは、ウエスタンエレクトリック社のホーソン工場で職場環境の実験をします。１９２４年から１９３２年という長期にわたる実験です。この時期は、ＧＭがフォードを抜いて世界最大の自動車会社になった時期です。この順位の変化は、当時の環境を表していました。フォードは、ただ安い自動車を大量に生産することに主眼を置いていたのに対して、GMは人々の所得水準が高まり、単に安いだけでは自動車は売れないことに気が付いたのです。個性を意識したデザインの概念を自動車に取り入れたのです」

「GMがフォードを抜いたことは、ホーソン実験と関係があるんですか？」

「そうですね。直接的ではありませんが、経営を考えるという意味では関係しています。テーラーやフォードは、機能的な問題のみに着目して、人間を感情のない機械のように捉えたわけですが、GMは色や形といった人々の好み、つまり人間的部分を自動車に取り入れたわけですね。今では当たり前ですが、衣服などと同じように自動車を捉える発想がない時代には画期的な発想の転換です。メーヨーは、結果としては人間の複雑な側面を抽出することになりました」

「ホーソン工場では、どんな実験が行われたんですか？」

「ホーソン工場の実験は、照明の照度と作業能率の関係やリレー組み立ての実験です。照度を明るくするにつれて、作業能率が向上する一方、暗くしても能率は向上し続ける。賃金や休憩時間、温度や湿度を変化させてもリレー組み立ての能率は関係性を見出せない」

「おかしいですね。条件を変化させれば、作業能率も変化するように思いますけど」

「そう。当然、良い作業条件を整えれば、生産性が向上すると考えていたわけですよ。ですから、コストを勘案して最適な労働環境を整えようと」

「でも関係がなかったということは、どういうことなんですか?」

「悩んだでしょうね。〝作業環境と作業能率には関係がある〟という仮説を立てて実験をしているわけですから」

「それで、どういう結論になったんですか?」

「メーヨーたちは、労働者たちの作業能率は、職場の公式的な組織だけではなく、仲間意識などを醸成する非公式組織にも影響を受けると仮定したのです。つまり、職場以外での人間関係も大切だと考えたわけです。人間関係論の誕生です」

「それがメーヨーの人間関係論なんですね」

「ええ、実験を受けている作業者たちは、自分たちが特別な状況に置かれていることを意識します。こうした意識が非公式の人間関係を作り出しているのでしょう。こうした職場の人間関係に着目するというのは、ロボット的な人間観とは相入れませんね。

人間関係に着目するというのは、かなりの発想の転換なんです。いまでは当然ですが。でも、同じ人に対する実験ですから、時間が経過すると学習効果も働くでしょうね。同じ作業を繰り返していけば、照明の明るさに関係なく、能率がアップするかもしれない。これは社会科学における実験の難しさですね」

「人間関係ですか。確かに私も同僚に嫌味を言われるとやる気がなくなるし、上司に褒めてもらうと元気が出る気がします。そういうことでいいんですか」

「まあ、そういうことですね。生産性を向上させるのは、単純にはいかないということです。メーヨーは、もともと医師を志しており、心理学の教授になった人ですから、その思考方法はたくさんの患者を観察して、患者に適した診療方法や処方箋を考えるというスタイルでしょう。臨床実験のようですね」

■ファヨールの管理過程論

「ところで、テーラーもメーヨーも、主として、生産現場の作業員を観察対象にしていました。でも、経営学の対象としては、経営者自身の意思決定や管理方法、中間管理職や下級管理職の仕事にも注目しなければなりません」

「確かにそうですね。経営学ですから経営者自身にも着目するべきですね」

「アンリ・ファヨールの主著『産業ならびに一般の管理』が刊行されたのは、1916年です。彼は炭鉱の技師から社長として鉱山の経営に携わった経営者です。

経営に携わった経験から、分業、権威と責任、規律、命令の統一、公正な従業員報酬などの14の原則を掲げたことで、『管理原則の父』とも呼ばれます。しかし、この原則は、彼の経験をまとめたものであるため、彼自身が絶対的なものとは認めなかったようです」

ファヨールは、管理を、計画、組織、指揮、調整、統制のプロセスであるとしたことで、『管理過程論』の創始者にも数えられています。

20世紀初頭、ほぼ同じような時期に経営学の大きな動きが台頭したということになります。欧米では1880年代よりビッグビジネスが誕生し始めます。少数のトップ・マネジメントと財務・人事・生産・営業などの多数の専門的な中間管理職と下級管理職を携えた巨大企業組織が誕生しているんです。

こうした大企業の誕生に呼応するように、アメリカでは、ペンシルバニア大学のウォートンスクールが1881年に誕生しています。ビジネススクールです。ハーバードのMBAは1908年です。メーヨーは1926年にハーバード経営大学院の教員となっています。

経営の実務と研究が融合し始めた時代なのかもしれないですね。

■「所有と経営の分離」とバーナードの『経営者の役割』

「1932年に出版されたアドルフ・バーリとガーディナー・ミーンズの『近代株式会社と私有財産』は、1929年当時のアメリカのビッグビジネスが、個人株主による経営ではなく、専門経営者により担われていると主張しています。〝所有と経営の分離〟です。株式会社という仕組みが、不特定多数の株主から資本を集めることで、少数の個人株主による経営ではなく、専門経営者に託されたのです。専門経営者の育成は、こうした時代の中で必要不可欠なものとなってきました。

また、経営学で忘れてはならないのがチェスター・I・バーナードです。彼も実務家です。アメリカの電話会社の社長を長く務めました。1938年の主著『経営者の役割』は、近代組織論の礎になったものです。

近代というのは、それ以前の組織論との対比です。テーラーやファヨールの想定する組織が、経済的目的や組織目的を達成するための合理性のみを追求しているという反省ということを含めているのでしょう。

バーナードは、共通目的を有し、相互に協力し合うために円滑なコミュニケーションを図るのが組織であるとしています。つまり、組織目的と貢献意欲、そして情報共有が組織の3要素となります。企業が大規模化し、組織の重要性が増しているのがわかりますね。企業が組織化したことで経営学が必要になってきたということですね」

さっきのコーヒー休憩からどのくらい時間が経ったんだろう。すでに薄暗くなっていた窓の外を見てメグミは思った。

教授はそんなメグミの様子を見て、

「そういえば南山さんは甘い物はお好きですか？」

「はい。大好物です」

「それは良かった。ちょうど頂き物のチョコレートがあるので、いかがですか」

「ありがとうございます」

「南山さんのお父さんはどんな方ですか？」

「父は銀行員でした。事あるごとに、そんな文学研究をしてもお金がかかるだけで社会に出て役に立たないからやめておけといつも私に言っていました。そうは言ってもしぶしぶ学費は出してくれていましたけど」

「なるほど。ほろ苦い思い出ですね」

教授はメグミの話を聞きながら、ビターチョコレートを口に運んだ。

メグミのメモ（まとめ）

①テーラー

- 科学的管理法・・・作業の標準化と課業管理を提案
- 職能別職長制度・・職長の機能を，計画と執行に分離
- 差別的出来高制度・生産性の上昇を意図し，目標達成に緊張感を持たせる

②メーヨー

- 人間関係論・・・・ホーソン実験により，作業環境と作業能率の関係を観察
- 作業能率は，職場の公式組織だけでなく，非公式組織にも影響を受ける

③ファヨール

- 管理過程論・・・・経営者の意思決定や管理方法，中間・下級管理職の仕事にも注目
- 分業，権威と責任，規律，命令の統一，公正な従業員報酬などの 14 の管理原則

④バーナード

- 組織の 3 要素・・・組織目的，貢献意欲，情報共有
- 企業が大規模化し，組織化したことで経営学が必要になってきた

第4章　経営者が考えるために経営学がある

■分類することで仮説が生まれる!

「次の予定までもう少し時間があるので、続きを始めましょう。経営学の始まりは、テーラーの科学的管理法が20世紀初頭で、企業が組織的に生産活動を始めた時期です。しかも、テーラーやファヨール、そしてバーナードは実務家です。現実的な問題に直面した実務家が、その問題を解決するために考えた。これが経営学の出発点です。株式会社化して、機械設備や多くの従業員を抱える組織化した企業が一般化する以前は、商売の方法は家族内の経験の伝承でしかなかったのです。ロスチャイルド家のような巨大な経済支配力を持った家族は、その財産を管理する特別な方法を持っていたでしょう。しかし、その方法は、家族以外に共有される知識にはなりませんでした」

「いまはデータで共有できますね?」

「そうですね。共有できるオープンなデータが蓄積すると、具体的な事象から共通点を抽出して、抽象化した言葉を創ることができます。言葉によってある種の特徴を分類すると、物事を分析し、説明することができます。哺乳類と爬虫類を分類すると、さらに細部の共通事項を抽出して、猫と犬を区別し、その行動特性を発見できます。こうした言葉があるから、お互いに意思疎通ができているんですよね。理論というのは、何かを説明する言葉です。従業員を定義して、公式組織と非公式組織の分類をすれば、各組織の特質を理論化することができます。企業という言葉や価値という言葉が定義されるのは、それぞれに共通の特徴を抽出しているからですね。こうした言葉の定義によって、企業価値とは何かを考えることができます。企業価値を考えるためのデータを絞り込んでいるわけです。企業価値の理論が誕生すると、企業価値を高めるための手段や対策を巡る会話が行われることになります。言葉を共有することでコミュニケーションがとれ、人と人が協力できます。自分の頭の中を整理することができます。考えて意思決定することが容易になるのです」

「それは言葉として分類するということですか?」

「そうです。目的に応じて分類することで、意思決定するための言葉が整理され、経営者は自らの意思決定の合理性を確認するとともに、従業員や関係者に説明することができます。

さまざまな事象や問題を分類して表現できるようになると、他の条件を所与として考察するという実験室的な議論が可能になります。経営に関する学者や研究に従事する専門家が登場します。多くの実務家の意思決定や行為がデータ化したことで、仮説や検証が可能になってきたのです。主観的な甘い、辛いといった味覚が客観化した数値等に置き換えられることで、意思疎通は確かなものになっていきます。

多くの経営者の悩みを表現する分類は、多様な仮説の構築につながります。マネジメント・ジャングルとなるのは当然です」

■経営者の悩みを分類してみよう！

「先生、分類して、言葉が作られると、経営者にどう役立つのですか？」

「たとえば、ＰＥＳＴ分析とか、Ｆｉｖｅ Ｆｏｒｃｅｓ分析、ＳＷＯＴ分析などは、経営戦略論などでよく登場する分析上の道具なんです。

これらは、問題を整理する方法を提示しているだけで、因果関係を示す仮説や検証の理論ではありません。経営者自身が戦略を策定したり、分析するためのフレームワークを提供しています。

戦略自体は、研究者ではなく、経営者が構築することになるわけです。それは、経営に関

PEST 分析（Politics, Economy, Society, Technology）

マクロ環境を整理する分析です。

法規制や税制などの政治的要因の分析や GDP や金利，成長率などの経済的要因，少子高齢化社会や教育の水準や動向，流行などの社会的要因，そして，技術の進歩や普及の状態といったマクロ的外部環境の分析です。企業の事業領域や方向性などを考察するための分析であると同時に，SWOT 分析の機会と脅威の外部環境の分析に用いられます。

Five Forces 分析

業種内外の関係を５つのミクロ的視点で認識します。

業界内の競合他社の状況，たとえば，業界は飽和状態にあり，企業数が多く，価格競争が激化しているのか，あるいは，萌芽期でこれから成長する企業の参入が起こるのか，といった分析をしなければなりません。多数の中小部品生産企業がひしめき合う業界では，買手である親企業に有利な交渉条件となりますが，特殊な生産ノウハウを有する少数企業は，大企業に納品する場合でも十分な交渉力があります。

こうした買手の交渉力に加えて，売手の交渉力も同時に分析しなければなりません。

部品を生産する業界でも，他業界からの部品を調達することもあるし，原材料や燃料などの調達が必要です。供給業者が多ければ交渉はしやすいのですが，独占的な供給業者との交渉になると，相手が有利な立場になります。

さらに，代替品の脅威や新規参入の脅威といった業界外の要因と合わせて業界全体の状態分析を行います。

SWOT 分析

内外環境を強み（Strengths）と弱み（Weaknesses），外部環境を機会（Opportunities）と脅威（Threats）に分類します。

する専門的な用語となりますが、こうした用語が積み重ねられると、経営者のみならず、研究者の仕事も効率的になります。戦略は、経営者の設定する仮説です。経営者が仮説を構築したり、研究者がこれを検証できるというわけです」

「PESTとかSWOTをもう少し具体的に説明していただけますか」

「たとえば、新しいディーゼル・エンジンを搭載した高級車の開発を計画したとしましょう。ディーゼル・エンジンは、燃費効率の良い軽油で走るエンジンですが、製造コストは高くなります。燃費の良い車は、トヨタ自動車のハイブリッド・エンジンなどが実用化され、普及もしています。そういう状態で、新たな高級車のためのディーゼル・エンジンを開発することとしました。これは架空の話ですよ。

自社の内部環境として、ディーゼルに関する優れた技術者が存在しており、技術者のやる気も十分だとします。これは強みの**S**です。しかし、開発資金は、十分ではないため、弱みの**W**となります。

この他にも、熟練工による品質の高い少量生産は強みの**S**だが、機械化した大量生産の設備がないため、コスト競争力は弱いと考え**W**とする。高級車に高性能なディーゼル・エンジンを積むニッチな市場への参入計画と位置づけている。そのため、大量生産の設備は必要ないので、量産化のためのコスト競争はなさそうだ。しかし、弱みであることは認識しておかねばならない。

また、営業人員が少ないため、完成車をマスメディアを通じて大々的にPRする力は弱いが、すでに高級ブランドが確立しており、大がかりな広告は必要ない。上得意客をしっかりと離さないことは強みになる」

「うーん、なんだか微妙な評価ですね」

「そうですね。これを客観的に数値化することは難しいでしょう。経営者が主観的に重みづけをすることになります。

こうした内部環境に対して、外部環境が分析される。ガソリン価格が上昇しており、低燃費車のディーゼル車は、ある程度のニーズはある。また低燃費車には政府が補助金を出すというような追い風の要因がある。しかし、高所得者を対象とした自動車であるため、低燃費や補助金は軽微な問題かもしれない。むしろ、金融緩和により、銀行が融資に積極的な状況にあることや株価や不動産価格が上昇していることが、高級車の市場には追い風要因となる。これらは機会**O**です。

一方で、ハイブリッド・エンジンや電気自動車、燃料電池車など、低燃費車の開発が進んでいる。しかも、いずれも、高級車に搭載されており、脅威の**T**です。

こうしたＳＷＯＴの各要因には、先ほど話したように、明確なウエイトがないため、慎重に重要度を比較しながら分析することになります。

まあ、こういった分類は、経営者に考えるための基本的フレームワークを提供するだけです。ゾウとネズミを分類しておけば、それぞれの行動特性を考察できますね。同じ問題を設定しても、大企業と零細企業では、筋の通らない話になるかもしれません。ＳＷＯＴ分析の結果、戦略を策定しても、説得力がなければ従業員の協力や株主の賛同を得られないでしょう。経営者の描いた仮説は説得力を欠くということです。南山さん、聞いていますか？」

「あ！　すみません。大丈夫です」メグミは何とかあくびをかみ殺した。

「分類するのは、具体的な事象の特定の部分や諸機能の一部だけを抽出することです。これは注目すべき対象を明確に定義することを意味します。これが曖昧な定義だと、さまざまな混乱の種になり、不毛な論争になったりします。

学問のすべては分類を必要としています。もちろん、歴史のある経済学は、経営学以上に厳格な分類をしているわけです。企業と家計という生産者と消費者の分類や私有財産を交換する市場という概念、そして貯蓄と投資などを定義しています。

主流派経済学では、人間さえも厳格に定義しています。合理的経済人というコンピュータのような人間を想定するのです。損得を瞬時に判断し、儲かる商品の生産を即座に開始し、儲からなければ未練を抱くことなく撤退します。

しかし、実際の経営者は、常に悩みながら意思決定を繰り返しています。悩むためにも、闇雲に悩むのではなく、悩み方を示すことが重要なんです。経営学は、経営者の悩みに真摯に取り組む必要があるでしょう。悩むための選択肢を整理して、図書館の棚のように陳列してあげる必要があるんですね。

南山さんが、ご自身の人生設計に悩むとしても、問題を整理してもらうと悩みやすいでしょう。悩むべき問題を明確にすることができる。動物を哺乳類とか爬虫類とかに分類すると、それぞれの分析がしやすいのと同じですね」

「ゾウとネズミの分類ってことでいいんですか」

「そうですね。いまは、その程度の理解で良いと思いますよ。いずれにしても、SWOTなどの専門用語は、簡単にネット検索できます。しかも、難しい内容ではありません。ただし、目的を持って分析しなければ、まったく意味がありませんから注意してください。何を目的に強みや弱みを考えるのかということです」

■経営学の学部やビジネススクールがあるのはどうしてですか?

「ところで、なぜ大学には学部があると思いますか?」

「大学に学部がある理由ですか。えっと、必要な知識を普及させるためですか?」

「そうですが、当然、必要か否かを判断するのは、教育を受ける側、つまり学生のニーズですよね。研究者あるいは先生は、知識の売手であり、供給者になります。

私が、たとえば『コーポレート・ガバナンスを教えます』と言ったときに、個人的に、その内容を聞きに来て、私に対価として授業料を支払うというのはどうでしょう?」

「先生に授業料を払うんですか?」

「経営学を初めて学ぼうとする人が、科目名を聞いて、ある特定の先生から授業を聞こうという発想はおかしくありませんか? そもそも何を学べるのかが理解できていないんですよ」

「確かにそうですね。科目名の意味がわからないのに、そもそも授業を聞こうとは思いませんよね」

「大学では、シラバスという科目の内容を説明する冊子が提供されます。この内容を読んで、科目名と内容をある程度理解したとしましょう。でも、私から聞くべきなのか、その対価の授業料はいくらにすべきか? 授業料は妥当なのか?『コーポレート・ガバナンス』を教える人が、100人いたとき、誰を選んだらよいでしょうね。100人のシラバスを読んで、それぞれの先生と交渉して、授業料を決めますか?

しかも、あなたが知りたいのは、経営学です。『コーポレート・ガバナンス』は、経営学のうちの1つの科目でしかない。どうしましょうか？」

「そんな困ります。経営学を知りたいのに、やることが多すぎて諦めてしまいそうです」

「そうですよね。面倒くさくて、間違いなく諦める人が多いでしょう。ですから、経営学を理解するための一連の知識をパッケージにして、これをひとまとめに提供するニーズがあるわけです」

「大学として経営学を供給することが、ニーズから考えると理に適っているってことですね」

「そういうことです。経済学の標準的なテキストでは、こうした面倒な活動を無視していま す。『コーポレート・ガバナンス』という教育商品は、供給と同時に需要され、その受講料も瞬時に決まります。これが制度化した経済学の基礎的な理論モデルです。


でも、実際には、〝どの授業が面白いのか〟〝どの先生が役立つ授業を提供してくれるのか〟〝その授業料は適切なのか〟というような評価が必要ですよね。市場の取引には、こうしたさまざまなコストがかかるわけですが、基礎的な経済学は、こうした問題を無視した実験室を作っています。理念型としての完全競争市場です。取引コストをかけることなく、財やサービスの売買が成立すると考えるのです。

理念型の市場では、経営学を知りたい人は、自分の学ぶべき科目内容を瞬時に把握し、必要な知識を供給する先生と個別に契約をして学ぶことになります。授業料を比較する必要もありません。内容の質・量が同じ先生の授業であれば、同じ授業料が成立しているのです。合理的経済人と完全競争市場の仮定があれば、この取引は問題なく成立します。大学名や大学組織は無関係です。

もちろん、現実に応用する段階では、こうした問題を加味していくことになります。大学名というのはブランドになっていますよね。その授業の内容などを知らなくても、一流の大学に入学するために受験戦争をしています。大学も、さまざまなPR活動をして、学生募集をしています」

■取引コストは経営学の必要条件？

「商品の売買では、売手と買手の間には情報の非対称性があります。この取引コストは、ビッグビジネスの組織内の取引と市場の取引を比較することになります」

「先生、何を言っているのかわかりません」

「南山さんは、何かを買うとき、その商品の情報を熟知していますか？　商品の説明を受けることはありませんか？」

「もちろん、説明してもらいます。スーパーでお菓子や食材を買うときは、説明より値札を見ますが」

「説明の要らない商品は価格情報で十分なんですよね。でも、新しい商品や高額な商品になると、しっかりと説明書を読んだり、営業マンに商品内容を説明してもらいますよね？　自動車を買うときは、操作性や安全性の説明を確認するでしょう」

「はい」

「つまり、買手と売手の間には情報の非対称性があるんです。営業マンは、売りたいから良いことしか言わないでしょう。調子のいい営業マンの口車に乗ってしまったら、失敗してしまう。買わなくても良い商品を買ってしまい後悔する」

「なるほど。私、しょっちゅう失敗しているかもしれません」

「取引コストは、ロナルド・コースとオリバー・ウイリアムソンを基にした経済学の概念です。取引で失敗しないために必要なコストなんです。財を交換するにも、買手も売手も、相手を探さねばなりません。つまり、探索コストがかかります。そして、売買の契約条件をめぐる交渉コストも必要です。契約が成立しても、それが実行されるか否かの監視コストも必要です」

「つまり市場の売買にはコストがかかるということですね」

「そうです。それまでは意識されなかった売買という行為にコストがかかる。そうなると、売買の必要のない交換活動に注目が集まることになりますね」

「売買の必要のない交換活動というのはなんですか？」

「組織です。企業という組織内の資源の交換が市場の売買よりもコストレスであれば、組織が選択されるということです」

「組織が選択されると、市場はなくなってしまうんですか？」

「極端な場合にはそうなります。純粋にモデル化された社会主義国家には市場が存在しません。私有財産を認めないのですから当然ですね。何を、誰が、誰のために、どのような方法で、どれだけ生産するのか、というような生産計画は、すべて国家によって計画され、資源配分が行われます。役所が商品を開発して、生産・販売すると考えてください。日本でも、役所の仕事は非効率ですよね。多くの社会主義が破綻したように、市場は多くの場面で組織の効率性を上回るパフォーマンスを上げるのです」

「なるほど。社会主義経済は、市場ではなく国家という役所組織の交換なんですね」

「組織内の交換が効率的である限り、企業組織は成長して、大きな企業になります。ビッグビジネスです。しかし、組織の交換というのは、組織内の資源がうまく配分されるような管理が必要でしょう。組織内の分業の仕組みを設計しなければなりません。大きな組織を管理運営するのは大変なんです。

経営学が必要になるのは、そこなんですよ。市場に取引コストが存在し、企業が組織化するためなんです。取引コストが存在しなければ、個々人が勝手に生産者になればいいんです。だけど市場の取引はコストがかかる。だから市場取引ではなく、組織内の経営者が取引を指示し、管理することが必要になる」

「そうですか。何となく理解できます。取引コストが経営学を必要とするってことですよね」

「素晴らしい。そうなんです。取引コストが存在するために、企業は組織化する。ビッグビジネスが生まれる。大学という組織も生まれるわけですね。経営学部やビジネススクールが誕生するのは、市場の取引コストの問題になる。大学組織が維持され、規模を拡大しているとすれば、そこで展開されるカリキュラムは、ニーズを反映した低コストの科目群ということです」

「ということは、私が大学のカリキュラムを参考にしたのは間違ってなかったんですね」

「はい。最も効率的な出版計画の企画作成方法だと思います。多くの研究者が社会に有用と思う経営学的な課題を見つけ、これを仮説にする。本人を含めて、多くの研究者が検証したいと思うような仮説は、魅力的な仮説です。この問題を解いてみたいという研究者が多いということで、人気のある科目となり、人気科目を集めて大学のカリキュラムにします。

一定の検証結果が仮説を支持することがわかると、教科書に載るような理論となります。

類似の課題、たとえば、〝従業員の労働生産性を高めるにはどうしたらよいのか？〟とか、〝どのようにしたら従業員は熱心に働くのか？〟あるいは〝給与の決め方は、従業員の働き方に関係するのか？〟というような課題は、『従業員の働き方』という共通の問題を対象としています。

これは、解決したい問題が共通ですから、1つの科目になります。この科目を履修する人は、同じ問題に関心を持ち、悩んでいることが共通しているということです。そのような仮説と検証結果を集めて、理論を取りまとめた知識の束が、1つの科目です。

そうした仮説と検証の繰り返しと、問題の整理と統合が、経営学の体系化になるわけです。研究者間で競争した結果が、現在の経営学部のカリキュラムになっている」

■ダーウィンの進化論

研究室への訪問を終え、帰りの電車の中で教授との最後のやり取りを思い出していた。それにしても、随分と濃密な時間を過ごしたな。

「経営学の研究者の主要な関心事は、株式会社組織です。営利企業の組織ということです。というのは、株式会社という組織が、組織の形態からして、営利目的を達成しやすい組織だったからです。株式会社以外の組織形態に比較して、生き残りやすい形態だったということでしょう。ダーウィンの進化論ですね。環境に適合したことで、世界中にはびこってしまった。言い方を変えると、市場環境に適合しやすい組織形態が株式会社ということです。その数が多ければ、研究の対象になりやすい。特殊な組織形態の研究も必要ですが、特殊な組織にしか役立たない。つまり、特殊な組織の研究は、社会的な貢献が小さいわけです。

世界中に株式会社という組織が生息域を拡大しましたが、組織は人間の営みです。人間の意識や行動は、地域によって異なります。各地域は歴史が異なるし、宗教や法律、慣習などが異なります。

同じ地域でも、人口の増減、自然環境の変化によって人間の行動は変化します。人間自身が発明した技術や技術改良の結果によっても、人間の行動は変化します。同じ人間でも、貧しかった時と豊かになった時で、異なる行動を選択します。

経営学者が観察する組織は、時と場所によって変化します。一生懸命分類をして、体系化しようと試みていますが、それでも、次々に新しい仮説が生まれているんです。バーリとミーンズが観察した仮説、〝所有と経営の分離〟などは典型ですね」

「だから新しい仮説が生まれるたびに教科書の内容も変わっていくんですね」

「そうです。社会の環境が変化すれば、組織も変化しなければなりません。テーラーの職能別

所有と経営の分離

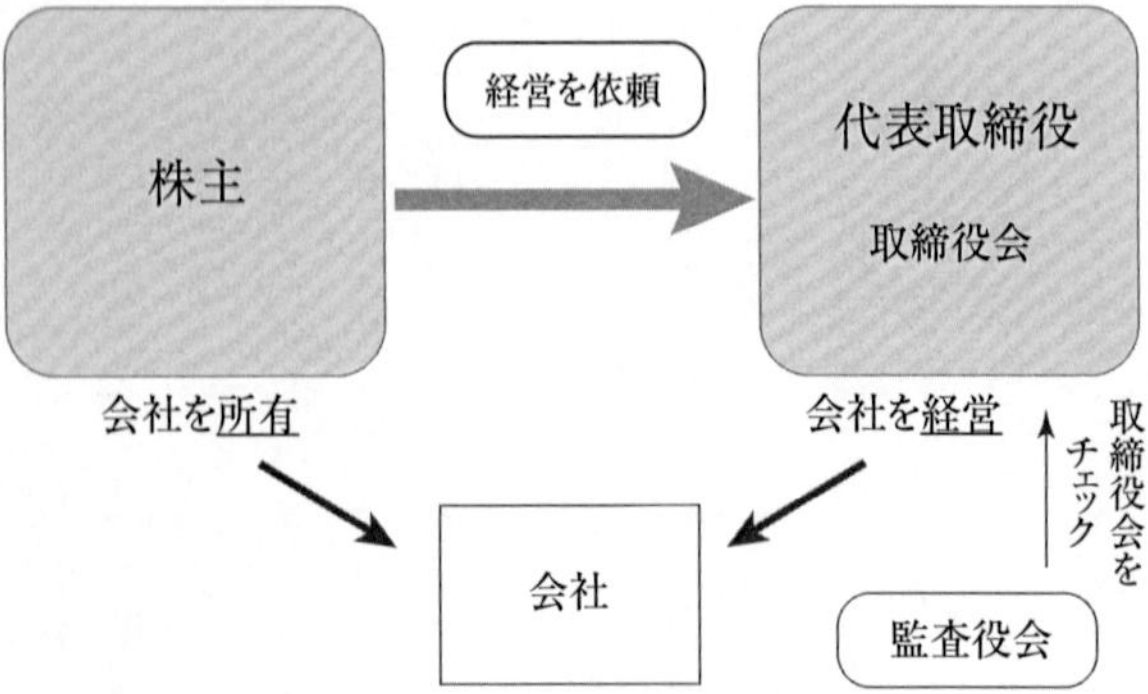

組織もそうですね。技術進歩や経済環境の変化などで、人々の生産方法や生活方法が変われば、それに応じて好みや価値観が変化する。そうなると、これまでうまくいっていた経営がうまくいかなくなる。所有と経営が分離すると、株主総会や取締役会のあり方も変化します。

環境変化や技術進歩によって経営の方法が変化すれば、これを取り入れた科目を新設しなければならなくなる。突然変異による進化、イノベーションと言っても良いかもしれませんが、新たな事業の誕生や取引方法などが生まれると、これを理解し、その効率性や社会的影響を考察して、それを説明する理論が必要になります。新たな授業科目になることもあります。

新種の誕生は、新たな環境を創造することになります。株式会社という組織形態も、資本を集める方法としては画期的だったんです。最初の登場は、突然変異です」

そういうことか。ジャングルは、次々に新しい木が芽を出し、古い巨木と共生したり、生存競争したりしている。しかも、新種まで登場して、ジャングル自体が変化する。歴史を積み重ねていても、テーラーやファヨールから１００年ほど。経済学の歴史とは比べようがない。歴史を積み重ねても、新たな歴史が上書きされ、古い知識を陳腐化させたり、無意味なものにしてしまうのだから。

新しい言葉を理解し、これを使いこなすことは大変なエネルギーがいる。経営学の新書の企画は、私が経営学の言葉を理解するプロセスなんだ。

亀川教授でなければ、もう少し簡単に話が進んだのかな。世の中には数多くの経営に関する書籍があるから、それほど難しいとは思わなかった。

正直、経営学と経済学に違いがあることも、経営学に標準的なテキストがないことも知らなかった。徐々にわかってきたけど、今度の企画を少し安易に考えすぎていたかもしれない。

帰り際に教授は心配そうにメグミに声をかけた。

「ちょっと顔色が悪いけど大丈夫ですか？」

「先生、正直なことを言います。経営学と経済学を比較されても、よくわかりません。先生の話でわかったことは、新書の企画は大変なことだということです」

「中途半端に理解したつもりになっている人より、真っ白なキャンバスの方が描きやすいですよ。やさしく理解するには、とにかく情報を集めなければいけませんね。その上で、新書の範囲を絞り込みましょう。それでは、これから会議があるので、また必要があればアポをとって来てください。電話ではなくメールでお願いしますね」

教授も電話が嫌いなタイプなのかな。電話は相手の時間を奪うっていうしね。

メグミは、慌ててスマホをしまいながら、返事をした。

「はい。また伺います」

何か答えを求めていたのだが、メグミはかなりがっかりして会社に戻ることになった。企画書は、簡単ではない。経営学部のカリキュラムを調べておけば何とかなると考えていたが、もう一度やり直しだ。

メグミには、依然として、経済学と経営学の違いがわからなかった。そういえば、同じような学部に商学部がある。経済学、経営学、そして商学か。

今度、先生の研究室に行く前に、3つの学部のカリキュラムの違いを調べておこう。新書で扱う経営学は、経済学や商学と関係しているかもしれないしね。

電車が最寄り駅に着く頃には、もう19時をまわっていた。人通りが少なくなり始めた商店街を歩いていると、焼き鳥の焼ける匂いが漂ってきた。

そういえば、おなか減ったな。なんせ、亀川教授の難しい話を5時間も聞いて頭をフル回転させていたのに、チョコレートとコーヒーしか口にしてないから。

焼き鳥でも買って行こっと。

「おじさん、つくねとレバー、それに手羽先3本ずつちょうだい！　なんせ、頭使っておなかへってるから！」

「あいよ。どれも1本150円なんで、全部で1、350円になります！」

メグミはお金を払いながら「焼鳥1本の値段って、誰が決めたのかな？　このおじさんが決めたのかしら？　でも、だいたい焼鳥の値段って、同じような金額だよね。焼鳥の値段も、市場が決めているってことになるのかな」

まあ、美味しければいっか。メグミの夜は更けていった。

メグミのメモ（まとめ）

①言葉の定義

- 具体的な事象から共通点を抽出し，抽象化した言葉を創ることで分析が可能になる
- 多くの経営者の悩みを表現する分類は，多様な仮説の構築につながり，マネジメント・ジャングルとなる

② PEST 分析，Five Forces 分析，SWOT 分析

- PEST 分析・・・マクロ的外部環境の分析。SWOT 分析の機会と脅威の外部環境分析
- Five Forces 分析・・・業界内外の関係を 5 つのミクロ的視点で分析
- SWOT 分析・・・企業の内外環境を 4 つのミクロ的視点で分析

③株式会社組織

- 営利目的を達成しやすく，生き残りやすい組織のため，経営学の主要な関心事
- 組織は時と場所によって変化し，新しい仮説が生まれるため，経営学には標準的なテキストがない

第5章　選択の自由と自由経済

■社会人大学院の授業に参加して

翌日、出社して、早速、いくつかの大学のカリキュラムを調べてみた。経済学部に経済学科と経営学科を併置している大学、同じ大学の中に政治経済学部、商学部と経営学部を持つ大学、経営学部を持たずに経済学部と商学部を持つ大学など、いろいろあることがわかった。

「いろいろあること」とは、よくわからないということである。経済学部の中に、経営学の授業がある大学は、会計学なども経済学部で学べるが、経済学部と商学部がわかれている大学では、経済学部では経営学や会計学は教えていない。政治経済学部では経営学や商学、それに会計学もない。カリキュラムにある科目内容の具体的なイメージをつかむために、亀川教授に直接聞いてみることにした。

メールでスケジュールを伺うと、「今日の18：30～21：55は空いていますか？」という返事がすぐに来た。なんでこの時間なんだろう。食事でもしながら説明してくれるのかしら？

「早速、ご返信いただきありがとうございます。本日の18：30に大学に伺います。研究室に伺えばよろしいですか？」とメールを返すと、「5分前に研究室に来てください」と返信があった。

約束の時間に研究室を訪問すると、「ちょっと急いで。これから14号館で授業だから歩きながら、説明しましょう。今日は社会人大学院で、後期の最初の授業なんです。経済学の基礎的科目です。そこで、経済学と経営学、それに商学の説明をしようと思っています」

「これから授業なんですか？」

「そうですよ。働きながら学んでいる人のMBAコースです」

「MBA？」

「ビジネススクールと言えばわかりやすいですね。MBAは、経営管理学の修士課程です」

「バスケットボールかと思いました。あれはNBAでしたね」

先生は笑いながら、

「本来、履修している学生以外は聴講できませんが、今日は特別です。南山さんも質問があれば手を挙げてください」

「はい」と返事をしたが、質問などできそうもない。おかしな質問したら、大学院で勉強している人の邪魔になってしまう。しかし、夜10時近くまで、授業に出席することになるなんて。夕食をするつもりで来たから、お腹がすいちゃうかも。お腹が鳴ったらどうしよう。

■営利企業を考える

「皆さん、こんばんは。これから経済学入門を14回お話しします。MBAは経営学を中心に学びますが、経営者にとっては、経済的環境を分析することなしに意思決定はできません。

景気の良し悪し、為替の変動、金利や物価動向など、企業を取り巻く経済を認識することが必要です。自社の商品の売上には、経済や法律、技術的環境や自然環境が関わりますから、経営者は、こうした関連科目を学ばねばなりません。もちろん、会計学や統計学などは、さまざまな経営事象を説明するために欠かせません。

今日の授業では、皆さんが履修している経営学関連科目を意識しながら、経済学と経営学や商学との関係を考えていきましょう。経営学を知るためには、経済学や商学を知らねばなりません。ここでは経済学を中心に据えて、皆さんが日常的に学習している経営学を考えましょう」

授業が始まった。20人ほどの男女がロの字型に並んだテーブルに着席している。年齢も20

代から40代。真剣な顔で教授の話に耳を傾けている。

「ところで、皆さんの中で、経済学部や経営学部、あるいは商学部を卒業した人はいますか？」

教授の質問に、大学院生の男性が数人、恐る恐る手を挙げた。

「あとの人は、経営学や経済学、商学関連の科目は学んでいないんですか？」

すると、数人が手を挙げて、「高校の時に経済学はちょっとだけ学びました」とか「大学の一般教育課程で学びました」という返事があった。

そうか。みんな私と同じなんだ。ちょっと勇気がわいてきた。

「基本的に、経済学は標準的なテキストがありますが、経営学には、そうしたテキストがありません。経済学の研究者も多様なテーマに取り組みますが、主流となる経済学では、研究者同士が、同じような方法で問題を捉え、理論化しようとします。しかし、経営学になると、ほとんどの研究者が異なるテーマを異なる方法で研究しようとしています」

みんな教授の話を聞きながらパソコンのキーボードを叩いている。パソコンでノートをとっているんだ。

亀川教授は、パワーポイントを使わない。資料の配布もない。しかも、机の上には教科書やノートのみならず、パソコンも置いていない。あるのは履修者名簿だけ。２００分という長時間の授業、どうやって授業するのだろう？

「…ですから、私が経済学との関連で説明する経営学も、他の経営学者の考える経営学と同じではありません。もちろん、経営学の対象は、営利企業や非営利企業の組織運営を対象としています。営利企業と非営利企業に分類しましたが、それは利益を目的とするか否かです。収入から費用を差し引いた利益を目的とするのか否かです。

利益を稼がない企業や稼がなくてもよい企業というのは、ＮＰＯですね。公益や共益目的で設立され、国や地方、あるいは目的に賛同した人々からの資金援助が必要になります。税金が使われるような場合には、国や地方からの多くの規制が必要になります。

当然ですが、現金支出が現金収入を上回れば、活動はできません。超過支出は誰かが埋め合わさなければなりません。また利益に相当する超過収入があっても、これを分配することはできません。支出が収入を上回る企業が増えると、社会はこれを維持し、支えることができませんね。

私企業は、私有財産を出資して、自らの責任で企業の活動を維持しなければなりません。私益を追求することが求められます。自分の財産が増えれば、それを生活向上のために消費することができるわけです。資本主義経済では、私企業が基本です。各自の責任で自立した生産活動を行うわけです。利益を稼がず、損失を出し続ければ、企業は活動するために必要

企業形態

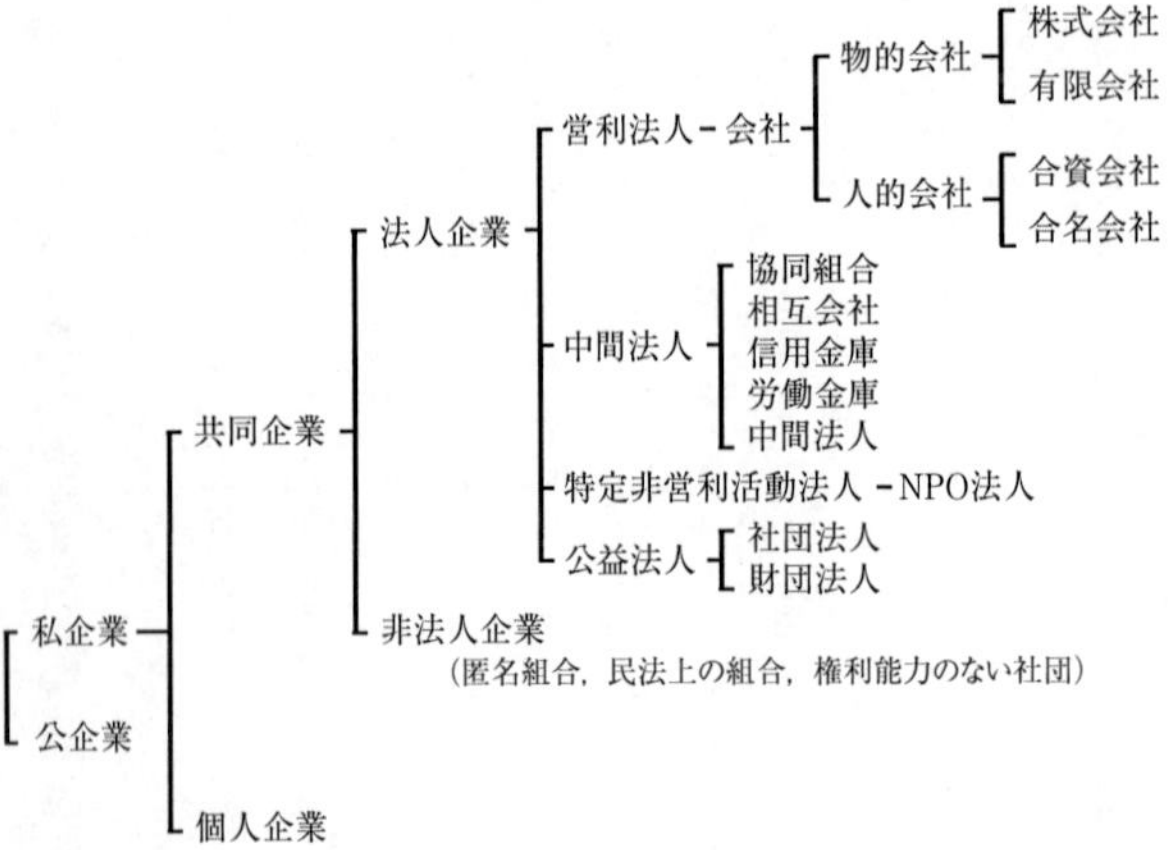

な資産を維持できなくなります。

実は、この単純な問題は、資本主義経済における基本的な企業目的になるのですが、それは、いろいろな意味で誤解されることにもなります。この問題については、あとで説明しましょう。

今日は、標準的な経済学との比較をしながら、私の考える経営学についてお話をします。標準的な経済学が対象とするのは、私企業です。私たちが普通に考える時には株式会社です。歴史のある企業では有限会社もありますが、有限会社は、法律上、新たに作れなくなりましたから、とりあえず株式会社をイメージしましょう。

株式会社の生産活動は、生産した商品を市場で販売することで収入を稼ぎます。市場の

ミクロ経済学とマクロ経済学

ミクロ経済学	マクロ経済学
一人の合理的経済人	個々の企業や家計を集計
市場の価格メカニズムによる資源配分	GDPなどの国内の所得全体や失業問題
市場は万能	市場は万能でない（計画経済的発想）

成立が前提なんですが、非営利企業の活動は、市場が機能しない部分でもあります。このあたりは、この授業で説明しましょう」

■経済学が数学を使う理由

「まず、標準的な経済学について説明します」

メグミは、昨日、研究室で聞いた話を、頷きながらもう一度聞いた。希少資源の配分を扱うということだ。しかし、昨日は説明してもらえなかったが、ミクロ経済学とマクロ経済学の簡単な説明もあった。

「ミクロ経済学は、価格理論で、市場の価格メカニズムによる資源配分をテーマにします。1人の合理的経済人が利潤最大化を目的に生産する企業となり、同じく1人の合理的経済人が効用最大化を目的に消費活動を行う家計として相対します。この2人の代表が市場における交換を行い、売れ残りや品不足の存在しない需給均衡の価格を成立させるという仮想の経済モデルのことです。

一方、マクロ経済学は、個々の企業や家計を集計した概念です。GDPなどの国内の所得全体や失業問題について考えますが、ミクロ経済学のように市場は万能ではないと考えています。賃金は下方硬直的で下がらないため、労働者は自らの意思にかかわらず、失業することがあります。市場の需給で決まる価格では資源の有効な利用は難しいと考え、計画経済的発想を導入します。財政政策や金融政策による総需要管理のことです」

教授の説明は、10分ほどの短いものであった。おそらく、十分に理解した院生などいないであろう。しかし、メグミは大事なことを認識していた。それは、マクロ経済学やミクロ経済学を理解したいのであれば、それぞれの授業を履修して、分厚い教科書を読まねばならないということである。

「皆さんは、経済学というとどのようなイメージですか？」

教授は、教室を見渡しながら、院生の回答を待ったが、誰も手を挙げない。そこで、履修者名簿を見て、無差別に名前を読み上げた。

「では、石川さん、どうですか？」

教授は、誰が石川さんかはわからないので、キョロキョロしながら、石川さんを探すと40

代と思える男性が手を挙げた。

「石川さんの大学時代の専攻は？」

「はい。私は医学部を卒業して、医師をしている石川と申します。教養部で経済学を学びましたが、あまり記憶に残っていません。数式が多かった記憶はありますが」

お医者さんもＭＢＡで勉強するんだ。メグミは、意外な職業に驚いた。

「なるほど。経済学は自然科学と同じような数式を使ったモデルが多いですからね。では、仙石さんは？」

「えーと、私は歴史を専攻していました。文学部の歴史学科です。東京の郊外で小さな農園と併設したカフェを経営しています。お客さんと経済関連のニュースについて話したりすると、つい知ったかぶりのような。そして、突っ込まれないように話をそらしたりしています」

「その他の方で、経済学に関するイメージがあれば？」

「はい」

元気のよい女性が手を挙げた。20代後半か30代前半かな？　私と年齢的には近い感じだが、かなり積極的な女性だ。

「辺見です。社会学部でした。経済学は一般教育で単位を取りました。でも、理解はしていません。先生がつまらなくて。無言で黒板にびっしりと数式を書くんです。でも、社会人になってから、経済学を知らないことで困ったことはありません。あっ、ファッション雑誌の編集をしています」

メグミは、雑誌の仕事に共感を覚えた。出版社という共通点があるからだ。ファッション雑誌の仕事をイメージした。経営学よりは、身近に感じられる。ただ働き方が同じでも、必要とする知識や関係する人はまったく違いそうだ。社会科学系の出版社に勤める人の生活パターンは、ファッション誌のそれとは違うのかもしれない。人間関係やそこで話される内容は、特別な境界を作るかもしれない。メグミは、共感と同時に改めて職場の違いを意識した。

「そうですね。皆さんが感じているように、経済学は数学を理解できないと、なかなか近寄れませんね」

「私は私立でも数学受験だったので、数学に苦手意識はないんです。それで経済学で使う数学については、特に苦労しませんでした。経済学に関する成績は、どれもSかAだったと思います。だけど、経済学を理解しているのか、何かの役に立っているのか、と聞かれるとゼロに近いというか、実務では役に立っていないように感じます」男性の発言である。

教授は、その男性の方を向き「あなたは？」

「あっ、すみません。剛田です。現在はソフトの開発をしています」

「大学では？」

「経済学部でした。でも、ちゃんと勉強しなかったです」

彼はさっき自信なさげに手を挙げていた。経済学部卒なんだ。

「経済学に数学は必須ではありません。しかし、標準的なテキストの経済学は、数学の苦手な人には高いハードルです。標準的な経済学は、数学を使うことで、厳密な議論を試みています。自然科学的な研究方法を模倣しているからでしょう」

確かに数学は普通に使う言葉に比べると厳密かもしれない。「すごく好き」とか「大儲けした」と言っても、主観的な尺度でしかない。「あなたが加勢してくれたら百人力だ」なんて言っても、数学的には意味不明だ。１００人分の力を発揮するということの意味は、１人の力を厳密に定義してから説明しなければならない。数学は、そうした意味不明な説明はしない。

「数学的な記号や数値に置き換えると、経済学で使用する言葉を厳密に定義したり、客観的に評価することになります。厳密な言葉の定義は、抽象的な議論を可能にします」

「それって、具体性に欠けるということですか？」

辺見さんだ。

「そうですね。具体的な事象から共通の問題のみを取り上げて一般化します。共通の問題以外は、捨て去ってしまいます。捨象するということですね。議論しなければならない事象に注目するには、議論とは無関係なこと、本質的でないことは考えないようにしようということです」

具体性に欠けるというよりは、意識的に具体的事象を捨てているわけか。そうなると、具体的事例を熟知していないと議論に参加できないし、そもそも意味が理解できないだろうな。子供が抽象的な議論をできないのは、そもそも具体的な事例を経験していないからだ。

■実験室に収まらない人間の欲望

「先生、それで経済学は何を明らかにしているんですか？　何かに役立つんですよね」

また辺見さんだ。他の人は、相変わらず、静かに聞きながらキーボードを叩いている。

「もちろん、社会に貢献しています。日常的な経済ニュースは、経済学が作り出した言葉を多用して説明しています。つまり経済学の理論的な成果に則って経済的な事件や経済現象を報道しているのです。

ＧＤＰの成長率とか、円高ドル安、金融緩和、需給逼迫、利益率、労働生産性など、普通に使用する言葉ですね。こうした言葉は、経済学上の概念ですが、この言葉によって、人々は現在の社会現象を経済的な視点から認識することができるのです。

物事を認識することができないと、その良し悪しの判断ができず、問題を良くする方向や悪化を阻止する方法を考えることができません。しかし、自然科学のような実験室は作れませんから、経済理論の予測は難しいんです」

「実験室ですか?」辺見さんは、私と同じ反応をした。

「空気抵抗をゼロと仮定するように、人々の嗜好が変化しないと仮定しても、実際には嗜好は変化しますよね。そうなると、嗜好の変化がゼロと仮定した理論は、結果を予測できなくなります。仮説の検証もできませんね。実際には、さまざまな環境変化によって、仮説の検証が難しくなっています」

「先生、どのような環境変化が仮説検証の障害になっているのですか?」

「魔法が使える社会になったら、いまの経済の仕組みは大きく変わるでしょう。

食べたい食事をいつでも簡単に提供してくれる。鰻重を食べたいと思えば、自分の目の前に最高級の鰻重が登場する。ドラえもんの『どこでもドア』があれば、瞬間移動ができます。行きたいところに、何もすることなく連れて行ってもらえる。

でも、これらは魔法ではなく、技術の進歩で一部は解決しています。瞬間移動はできませんが、昔に比べて地球の反対側に行くことは簡単になりました。時間をかけた航海は飛行機により短縮化しました。ドローン技術によって、空飛ぶタクシーも実現する世の中です。

直接に会って、握手やハグが必要でなければ、音声通話のみならず、ビデオ通話も可能です。メール機能は、相手の時間を考慮せずにコミュニケーションが可能です。『どこでもドア』よりも、相手の事情を配慮することが可能です。入浴中や食事中に得意先の担当者が来たらびっくりするし、困りますよね。

自動運転は魔法そのものでしょう。自動車に乗り込んで、自動車と会話し、行き先を伝えることで運転開始になる。

冷凍食品を準備しておけば、電子レンジでチンすることで、料理の専門家が研究開発した美味しい冷凍食品がテーブルに並びます。

こうした魔法のような技術水準を一定と仮定しても、現実の技術進歩のスピードは速いですからね。技術が変われば嗜好も変わる。生活の仕方や仕事の仕方が変わる。商品の優劣も変わる。こうした変化を頭の中だけで止めて、スマホの価格と売上の関係やロボット店長とアルバイトの関係を検証することは簡単ではありません。正確には無理でしょう」

「ロボット店長ですか?」思わず、メグミは声を出してしまった。

「居酒屋の店長が6ヵ国語を使いこなし、アルバイトにサービス内容を指示できるとしたら、店長の仕事はロボットに置き換わるでしょう。

ただし、このロボットの価格が1億円であると、居酒屋では人間の店長を採用するしかないですね。外国人のお客には、ジェスチャー対応になりますが。

しかし、いまや年間にたった３００万円弱で、この種のロボットをリースできるようです。技術進歩は価格に影響を及ぼし、ロボットの需要を増やします。

重要なことは、技術進歩を所与とするか、変数にするかによって、理論の持つ目的や意味に差が生じるということです」

「所与にするというのは、変化がないと仮定することですね。変数にするというのは、技術変化を考慮したモデルということですか?」

「そうです。実験室を作るには、たくさんの所与とすべき問題を検討しなければなりません。理論を厳密化するには、数学のモデルをつくり、問題にする変数を特定化します」

そうか。実験室を作るとは、抽象的な議論をすることでもあるのか。昨日の議論も説明内容が変わると理解度が高まるように感じる。

「そして、この特定な問題に着目することで、具体的な事象の何を考え、何を考えないのかを整理しなければならないのです。なんでも一遍に考えようとすれば混乱して何も理解できません」

「好きか嫌いか、楽しいか楽しくないか、満足できるか否か、というような単純な問題を考えてみましょう。

カメラの画素数は、この10年で100倍超になりました。手ブレ補正などの技術も進化しています。カメラを趣味にしている人が、高画質を求めて、画素数の多い本格的な一眼レフカメラを5年前に買ったとしましょう。高いカメラでしたが、同じ技術水準のカメラだと、現在では、極めて低価格で購入できるようです。購入当時の自慢のカメラは、いまや、ただ重いだけのカメラになってしまった。

高いブランドの洋服を購入しました。しかし、色や形は流行があります。どんなに高いブランドの洋服も、流行遅れとなってしまうと、満足できなくなります。

あなたの所有するカメラとブランドの洋服、10年前にリサイクルショップで購入した木製のテーブル、それぞれの相対的価値は常に変化しています。時間が経つと、いろいろな変数が人間の気持ちに影響を与えてしまいます。何が欲しいのか、何がいらなくなったのか、これは人間の欲望についてですが、実験室を完璧にしても、これを予測するモデルは難しいですね。

実は、経済学の主要な関心事は、この欲望の問題を考えているのです」

「欲望ですか？　心理学みたいですね」

「そうですね。石川さん。お医者さんも、心理学的な診療が必要ですよね」

「はい。でも、経済学が人間の欲望に関係しているとは思いませんでした。もっと、物質的な人間味のないような問題を扱っているように考えていました」

「豊かさを考えると、どうでしょう。人間の豊かさは、物質的なモノやサービスには限定されないですよね。平穏やストレスのない社会、信仰心などは、人々を豊かにするでしょう。こうした問題を直接経済学で議論することはしません。しかし、ゆっくり音楽を聴いてくつろぐ場所や空間にお金を払うことはありませんか？　コト消費などは、単に物質的な価値ではありません。その製品やサービスの機能面以外に価値を感じています」

「コト消費ですか。雑誌の企画で取り上げました」辺見さんは、教授の説明をさえぎってでも発言する。授業への積極的姿勢が前面に出ている。

「お金を払って、財やサービスを購入するのは、豊かさを追求している行為です。でも、豊かさは、過去に支払ったお金の価値では説明できないのです」

■欲望の制約条件と機会選択

「欲望について、考えたことありますか。辺見さん、いかがですか？」

「年中考えています。結婚もしたいし」

「先生、結婚や恋愛は経済学の対象ですか？」

「難しいですね。恋愛に関する経済学や結婚の経済学という本はありますね」

教授は頷きながら…

「ちょっと、異なる見方をしましょう。経済学は、私たちが豊かに暮らすための学問ですが、資源の希少性により制約があります。資源とは、生産活動を行うための生産要素です。

経済学では、自然資源と労働力と資本を生産の3要素と呼びます。自然資源は、土地という言葉で論じます。農林水産業や鉱業、その他の自然資源は土地の恩恵です。人間の生産活動は、自然資源を加工して、その形を変形させるだけです。神様ではないので、無から有は生み出せない。資本は、生産するための道具です。生産手段です。人間が他の動物と区別されるのは、この道具を使いこなして生産活動を行う点にあります。

この生産要素に制限がなければ、財やサービスは無限に生産されることになります。魔法の使える世界ですね。生産活動には、労働時間が必要ですが、魔法の世界では瞬時に生産物が現れます。

魔法のランプがあれば、私たちは研究開発も必要なくなります。技術を改良することも必要ありません。技術は、あるモノを生産するための知識や経験ですから、瞬時にモノが生産されれば必要ないのです。

魔法のランプがあると、経済学で重要な概念であるコスト、つまり費用が存在しません。魔法のランプが欲しい生産物を必要なだけ提供してくれます。欲しいモノは、コストをかけることなく手に入れられることになります。

コストというのは、犠牲です。犠牲を払うことなく、財・サービスを手に入れられる世界は、ユートピアです。こうしたモノは、経済学では自由財と呼ばれます。

これに対して、コストがかかる財・サービスが、経済学で取り扱う対象となります。経済財と呼ぶモノの生産活動が、経済学の対象です。それは、希少な資源、つまり土地や労働力、資本といった生産要素に制限があることが、経済学を必要としているのです」

「ということは、コストが発生する恋愛や結婚は、経済学の対象となるということですね」

「その通りです」

「でも、私は恋愛や結婚にはコストをかけません。そういう経済的な行為ではありませんから。純粋な愛情の問題なんです」

「なるほど。大事なのは愛情ですよね。でも、辺見さんは、友達とコミュニケーションをとるときにでも、大なり小なりコストをかけているでしょ」

「いえ、特別にコストはかけていません」

「コストというのは、ある行為に時間を費やすことで、他の行為ができなくなる。この犠牲となる機会がコストです。5分間、メールに時間を使えば、5分間の他の活動が犠牲になっているわけです。恋人とデートをすれば、その時間の読書や仕事ができなくなります。辺見さんは、今日、夕方から200分の授業に出席しなければ何をしました?」

「そうですね。家に帰宅して、ゆっくり食事をして、テレビでも観ると思います」

「他の選択はないのですか?」

「200分あるので、映画でも観に行けるかもしれません。この時間からだと、ショッピングもできないので、友達でも呼び出して、お酒でも飲みますか」

「それで何を選択します?」

「今日だと、観たい映画もないし、疲れているので、友達と飲むのも面倒ですから、家に帰って食事をします」

「こういう行為の選択が経済学になります」

「えっ、行為の選択ですか?」

「そうです。希少な資源を何に使用するかの選択です。辺見さんが授業に出席することで、辺見さんが諦めたのは、自宅で食事をするという行為です。これが失われた効用の中で最大の効用ですね。映画鑑賞やショッピングなど、その他の選択肢は、授業に出席する効用と比較しなかったのです。これが授業に出席することで犠牲にした効用です。


授業に出席するコストは、こうした機会選択のコストなのです。これは機会費用という概念です。結婚のための活動は、さまざまな犠牲を伴っているのです。資格試験の勉強に専念する時間や大学院の授業に出席することなどを大なり小なり犠牲にするでしょう。結婚相手の時間よりも大学院の授業が大事だということになれば、結婚はコストをかけてまで実現したいものではなくなってきます。結婚を選択しないということにもなりますね」

「そうすると、今日の授業の犠牲はかなり大きいように思います」辺見さんは自戒を込めて考え込んだが、

「その通りですね。辺見さんが選択した機会費用による資源配分の決定です。あなたの自由な選択です。失うことが多いと感じる人は、当然ですが、いまの選択に対して求めることが多くなります。辺見さんが、積極的に授業で発言するのは、犠牲にする効用が大きいからです」

「授業に参加することで、結婚を犠牲にしているとは考えていませんでした」

辺見さんの発言に、教室に笑い声が溢れた。

「私たちの社会は、自分の意思決定に責任を持たねばなりません。機会選択を秤にかけ、各自が犠牲を最小にして、最大の効用を得る機会を選択する。この意思決定と行為が、社会を発展させると考えるのです」

「先生、そうなると選択の機会が重要ですね」

「そうですね。仙石さんは、いまどのようなことを考えていたのですか?」

「生産すべきモノなどを国が決めると、選択の機会がなくなると考えていました」

「そうですね。職業の選択の自由があるということは、国民が生産物を選択することになります。命令や規則によって、生産活動が縛られると選択の自由がなくなり、人々の生活は、国による生産計画とその成果の配給制度に支えられることになります。選択の自由が与えられないということは、自由経済ではないということです」

選択の自由が自由な経済活動ということか。選択を誰か他人に託さねばならないとすれば、私たちに自由はない。何を生産してほしいのかを選択できない世の中は、どういう世の中なのだろう。

給食のように同じものを食べて、制服のように同じものを着て、公団住宅のような同じ間取りの住居に住む。個性や差異はなく、平均的で同質となるような共通性が求められる。同じ生活をするという意味は、格差のない平等な生活をすることになるのか。

自由と平等。個性を求めるのは人間の特質かもしれない。メグミは、自問自答していた。

メグミのメモ（まとめ）

①経済学が数学を使う理由

- 経済学で使用する言葉を数学的な記号や数値に置き換えることで，厳密に定義できる
- 具体的な事象から共通の問題のみを取り上げて一般化する

②豊かさの追求

- 経済学の主要な関心事は，人間の欲望の問題
- 豊かな暮らしを制約するのが，生産の３要素（自然資源，労働力，資本）

③選択とコスト

- 希少な資源を何に使用するか選択するのが経済学
- ある行為に時間を費やすことで失われる効用のことを「機会費用」という

第6章　資本主義社会のキーワード

■アダム・スミス

「市場という言葉を知っていますよね」

みんな頷くだけだ。首を振る人はいない。

「商品を売買する場ですね」

経済学部を卒業した剛田さんが発言する。確かソフトの開発をしている人だ。

「でも、皆さんのイメージした市場は同じでしょうか？　具体的な築地や豊洲のような場所を想像した人は？」

何名かが手を挙げた。メグミは株式市場という言葉を思い浮かべた。しかし、株式市場の仕組みなど知らない。

「でも、市場は、場所を特定できない場合でも成立します。皆さんが買い物をすれば、それはすべて市場取引です。メルカリで売買するのも市場取引です。就活や転職も労働市場での取引ですし、株を売ったり買ったりするのは株式市場です。銀行に預金するのも金融市場の取引になります。

市場取引は、価格に基づいた売買取引を行うことです。市場という言葉で価格をイメージさせるのは経済学のおかげです。経済学は、市場における価格のことを考える学問と言ってもよいでしょう。先ほどお話ししたミクロ経済学ですね。市場取引は、取引当事者が自ら機会選択を行う場なのです」

価格か。市場と聞いたら、即座に価格を連想しなければいけないんだ。だけど、選択の自由と関係しているとは思いもよらなかった。

「皆さんは、市場がなぜ存在すると思いますか？　アダム・スミスという名前を聞いたことはありますよね」

アダム・スミスは高校の教科書にも出てくる超有名人だ。

「石川さん、いかがですか？　医学部の教養科目でも登場しましたよね」

「もちろん、知っています。『国富論』ですよね」

「そうです。スミスは、１７００年代のイギリス人です。道徳論に関する本も出していますから、哲学者あるいは倫理学者という面を持っています。スミスは『道徳感情論』という倫理学の本を執筆しましたが、その17年後の1776年に『国富論』を出版しました。この本でスミスは『経済学の父』などと呼ばれることになるのです」

アダム・スミスの『国富論』は有名だが、経済学の歴史がもっと古いことは説明してもらった。なぜアダム・スミスが有名になったのだろう。メグミの頭に新たな疑問が浮かんだ。

「仙石さん、歴史を専攻していたんですよね。このころの時代は？」

「産業革命ですか？　18世紀後半からイギリスで起きたと記憶しています」

「そうですね。同時に資本主義経済の成立期と考える人も多いようです。工場を所有する資本家が労働者を雇用して商品を生産する経済体制です。これは重要なポイントです」

「ポイントですか？　何が重要なんですか？」

「仙石さんの歴史観としては、どうでしょうか？」

「スミスはすごいと思います。倫理学の本を出していた人が、人々の倫理観という対象から社会の売買取引に注目して、『国富論』のような本を出すんですから」

教授は頷いてから、

「そこですね。哲学的な視点から売買取引に視点を移す。社会を認識する対象は同じ人々でも、認識する目的を変えるのは難しいものです。なぜスミスは視点を変えたのでしょう。人間の感情的で内面的な認識対象から、人間行動の結果である取引に着目したのはなぜでしょう？」

「歴史的問題が関係しているのですか？」

仙石さんは、自分に対する質問であることを意識したようだ。

「工場で働いている人を対象に観察するとしましょう。興味の持ち方は、人によりさまざまです。働く人の容姿に関心を持つ人、働く人の家庭生活を想像したり、賃金所得に興味を持つ人などさまざまですね。技術力の違いに気づいたり、作られた製品の質や量、これを使う人、工場の持ち主、近隣の住民など、創造力のたくましい人は、観察している工場から、いろいろな物語を創作できるでしょう」

スミスは、倫理学の本を書いた後で、イギリスの経済社会が急激に変化しているのを感じたのかもしれない。30代半ばで『道徳感情論』を執筆したのはすごいけど、その後のイギリス経済の急激な成長、都市への人口集中などの社会変化を目の当たりにしたのだろう。

「何かが変化して、工場の生産の仕組みが変わり、労働者の働き方と生活の仕方が変化したのです。何しろ、資本主義経済の成立期と呼ばれるわけですから、スミスは、それ以前の社会とは違うことに気づいたはずです。ワクワクして、新しいジャンルの物語を書きたくなったということです。

何しろ、革命と称されるような時期ですからね。権力者だった人が権力を失い、力のなかった人が力を持つ。利害関係者の力関係が変化するわけです。ソビエト連邦が解体した時やベルリンの壁が壊されたときのような革命が起こっているという認識です。日本では、江戸時代の幕藩体制が崩壊して大政奉還をした時、第二次世界大戦の前と後の違いをイメージしましょう。

これまで偉かった人が牢獄に入れられたり、社会から追放される。多くの人が職を失い、新しい職が生まれるといった混乱の時期です。自分の人生を悲観して、アルコール依存症になったり、自殺をするような人もいました。それぞれの家族は、悲喜こもごもの物語を経験したでしょう。産業革命は、生産活動を原因とした社会の大きな変化です。

農業技術の発展による食糧生産の増加、そして食糧生産が支える人口の増加、さらに、織機や紡績機の技術的改善と大規模な機械化が起こったようです。これはどういうことだと思いますか?」

辺見さんが黙っていられず、「これって?」

「工場の大規模な機械化です。生産をするための道具が機械化したことです。これは資本の質と量の変化を意味しています」

「資本ですか? 資本ってお金のことではありませんか?」辺見さんは、すでに生産要素の説明を忘れているようだ。

「ここでは生産手段のことを意味しています。生産するための道具です。お金を持たないと、生産をするための機械設備を購入できないので、お金＝資本となるわけです。

熟練した職人が道具を使って生産していた社会が、経験のない労働者が機械を操作して生産をする社会に変化したわけです。簡単な道具が機械設備に変化する。この資本の質と量の変化は、労働力の質と量を変化させました。誰でも生産活動に携われるようになる。働くことができなかった未熟練労働者が賃金を得ることができる。労働市場の誕生です。これは大きな社会の変化です。

だけど、その社会の中で生活している時に、こうした変化を感じ取るのは大変なことです。意識をしない人が多い中で、知らない間に、生産方法が変化するわけです。普通の人は、時代に流されるだけです」

ＩｏＴやＡＩ、ＤＸなど、いまの時代の流れを感じ取ることが重要なんだ。メグミは、改めて考えた。

「それまでの熟練労働者はどう思っていたでしょう。職人としての技術料は向上しているのに、賃金は増えるどころか下がり始める。そして、あるとき、素人同然の労働者と同じ賃金しかもらえないことに気づく。せっかく磨いた技術力が無になってしまう。かなりショックですよね」

「医療の現場でも起きています」久々に石川さんが発言をした。あとで聞いた話だが、石川さんは、勤務医師で、有名な病院の循環器センター長であり、医療技術の進歩を目の当たりにしている。カルテは電子化しているし、手術方法も微細な操作が可能な設備が力を発揮している。心臓外科医はカテーテルの技術で、その地位に変化が生じている。先端医療を行うには、高額な先端機器を備え、これまでの外科技術とは異なる機器の操作性に長けた人が必要になる。

「手術経験の豊富な外科医も、これまでとは異なる最先端の医療機器を使用しなければなりません。50代後半になると、優秀な医師でも、なかなか対応ができないようで、新しい機器が導入されるたびに苦労しているみたいです」

「そうですね。苦労するでしょう。私など、いまだにスマホの操作がよくわからないですから。もう何年も使用しているのですが、初めて購入する若者はあっという間に使いこなす。人間は自分の価値が相対的に低下することに敏感です。スミスの時代も、機械設備を備えた工場に未熟練労働者が大量に雇用されることになります。資本の質と量の変化が労働の質と量を変化させたことになります。

資本主義経済社会は、そもそも、こうした技術的な変化に基づいて形成された歴史的な社会です。そのため、市場という概念を用いて議論するときに、資本や労働の質・量がどういう状況なのかを検討しなければいけませんね」

技術的な環境が変化すれば時代が変わる。文学部の授業でも、同じような内容の講義を受けた記憶がある。ヘーゲル哲学の弁証法を人間の歴史的な社会発展に援用したマルクスの唯物弁証法だ。『資本論』を書いたカール・マルクスだ。生産技術の発展で、企業などの物質的な生産能力が変化すると、生産に携わる人間の社会的な関係性も変化しなければならない。個々人と簡単な道具による生産が、多数の労働者と巨大機械設備に変わることで、これまでの働き方や生活の仕方は維持できなくなり、この矛盾が蓄積すると、社会は変化しなければならない。経済学と文学はつながっているかもしれない。

メグミは、哲学と経済学のつながりを初めて意識した。太宰治にマルクスが結合した。

■時代背景と市場の変化

スミスが見た当時のイギリスの社会は、人々が田舎を捨てて、都市に流れ込む。田舎から都市に出てきた人は、ウキウキ、ワクワクしていたのだろうか。それとも、不安でいっぱいだったのだろうか。田舎には未練がなかったのだろうか。家族はどうなったんだろう。私が経験したことのない時代だ。

そういえば、おじいちゃんは、１９４０年生まれで東北の出身だ。スミスの時代とは違うけど、日本の社会は大きく変化していた時代。

中学を卒業して、東京タワーが建つ前に東京に出てきたと聞いた。高度経済成長期に、多くの企業は人手不足で、田舎から出てくる若者は、金の卵として大事に迎え入れられたらしい。

でも、おじいちゃんは不安だったろう。集団就職とはいっても、親元を離れて1人で知らない土地で生活する。中卒だから、これからどうなるのか心配だったに違いない。私が中学を卒業した当時を思い出すと、親元を離れるなんて考えられなかった。

高度経済成長期か。スマホで高度経済成長期を検索してみる。１９５４年12月から１９７３年11月の19年間とある。昭和29年から48年、中卒の青年が30代半ばの大人になるまで随分と長い期間だ。

スミスが体験した社会変化と同じように、おじいちゃんやおばあちゃんの時代には、人々の営みが大きく変化したに違いない。おじいちゃんたちの考え方や価値観は、社会変化とともに形成してきたと思う。お母さんが生まれたのは東京オリンピックの1年後、１９６５年(昭和40年)。おじいちゃんが25歳の時、おじいちゃんとおばあちゃんにとって、激動の時代と呼んでもよさそうだ。

会社の社長や会長の中には、この時代に入社した人たちが残っていそうだ。当時と同じ経営方法が踏襲されていたら、化石のような経営で、まさかそんな企業は生き残っていないだろう。だけど、日本の経営は環境変化に対応して、適切に変化しているのかな。バブル崩壊後、失われた時代が長く続いたのは、環境に適応しない経営をしていたからではないの？　おじいちゃんの田舎は農家だった。トイレは家の外にあって、夜の雨の日はトイレに行くのが怖かったようだ。子供でなくても、明かりのない夜に外を歩くのは怖い。お風呂は五右衛門風呂という釜のお風呂で、薪をくべてお湯を温めたと聞いた。ちょっと入ってみたかったけど、お風呂を沸かすのも大変な仕事になる。毎日は入れないかもしれない。そうそう、ご飯もガスコンロや電気炊飯器などないので、竈《かまど》に釜や鍋をかけて調理していたみたい。

■家事労働は企業活動

メグミが昔話のようにおじいちゃんの時代に思いを馳せていると‥

「自給自足の経済では、生産活動は、なんでも家族が担いますね。交換するというのは、分業するということですから、自分で生産していたモノを他人が生産することになります。もっぱら他人のモノを生産する主体が企業ですね。家計は企業の生産したモノをもっぱら消費する。自給自足経済は、企業と家計という概念が同一の家族によって担われていたことになります。生産と消費が分離していないわけです」

メグミは、改めて企業と家計の概念を考えさせられた。家計は私の家と勘違いしていた。企業は家の外にある働く場所と思い込んでいた。

「家事労働は、企業の生産活動です。炊事は飲食事業、洗濯や掃除はクリーニングや清掃事業です。子供の躾や教育も幼稚園や学校という教育事業になります。そうしたモノやサービスを消費する段階が家計なのです。スミスの時代の家事労働の多くは、現在の企業の生産活動に変化しました。

経済が発展するということは、家事労働を家庭から切り離し、生産と消費の人格を分離することです。家庭の仕事を外部化することは、分業を進めるということです。仕事を市場に委ねることになります」

なるほど。そういう見方をするんだ。メグミは、再びおじいちゃんの時代を考えた。

家事労働は重労働で、朝から晩まで働かないと生活ができずに、少なくとも誰かが家事労働に専念しなければ生活ができなかったらしい。

東京に出てきても、冷蔵庫や洗濯機のない集団生活。寮で生活していたみたいだけど、食材の保管が難しいので、寮母さんが毎日のように近くの商店街に買い物に行っていたようだ。洗濯は、たらいと洗濯板。冬の洗濯は手がかじかんで、あかぎれができて痛かったと。

■家事労働の市場化

でも、そんな時代はわずか2〜3年ほどで、寮には洗濯機や冷蔵庫、そして白黒テレビまで登場したみたい。当時、これらの家電は、3種の神器と呼ばれ、家電事業が立ち上がり、家事労働が大幅に楽になり、寮内の労働の一部が家電事業に分化した。結構な値段だったけど、会社がローンで購入したようだ。クリーニングを専業とする会社が生まれ、寮母の仕事は相当に楽になった。寮母の仕事が市場化したことになるのかな。

社会のさまざまな労働が専業化する。それは市場の形成であり、市場の発展ということになるよね。会社は、どんどん成長して、おじいちゃんの給与も、毎年のように大幅に上昇したと聞いた。3人しかいなかった従業員は、10年も経たないうちに200人までになった。企業は市場が成長すると同じように、その組織を成長させたのだろう。

結婚して公団住宅に入居した頃は、東京オリンピックの前だったようだ。公団住宅は鉄筋コンクリートの4階建て、窓はサッシで機密性が高く、埃が入らなくなり、箒から電気掃除機になって毎日の掃除は楽になったと聞いた。

このころカラーテレビ、自動車（カー）、そしてクーラーは、その頭文字をとって、3Cと呼ばれ、新3種の神器でもあったようだけど、お母さんが生まれた頃は、まだまだ高価だったらしい。当時の勤労者の平均年収は45万円ほど、それがわずか6年ほどで、71年には100万円を超えるという経済成長の時代。

おじいちゃんたちが3Cを手に入れたのは1970年以降で、最初に購入したのは、3Cの中で一番高いトヨタの初代カローラの中古自動車だったみたい。新車価格49万円のカローラを35万円で購入したそうだ。年収100万円ほどの家庭で、なんて高価な買い物だろう。おじいちゃんにとって、マイカーは最高に欲しいモノだったのかもしれない。

母は、小学校の2年生の頃、九九の計算問題をしている時に、カラーテレビが届いて大喜びしたことを覚えていた。この頃、おじいちゃんたちは頑張っていた。同じ年に、クーラーまですべてローンで購入したと聞いた。

欲しかったモノが次々に自分のモノになる喜び。未来は希望に満ちていたかもしれない。私の母を含めて、子供2人を育てたおばあちゃんは専業主婦だった。専業主婦の仕事は、炊事、洗濯、掃除、裁縫、アイロンがけ、靴磨き、子育てなど、種類の異なる仕事に従事するため、当然、得意な仕事と不得意な仕事がある。

家庭内の仕事を代替するさまざまな企業が誕生すると、専業主婦の仕事は少し楽になり、選択の自由が与えられた。それでも、この時代、女性が家庭の外で働くことはできなかった。

まだまだ分業は十分ではなかったということだろう。

田舎から都会に出てきたことで、おじいちゃんたちの所得が大幅に増加したが、農家だったおじいちゃんの地元は過疎化が進んでいった。おじいちゃんが東京に出てきたのは大正解だったのだ。

お母さんが大学を卒業して就活する頃、日本はバブル景気に浮かれていたと聞いた。バブル期は、85年から91年までの期間で、サラリーマンの年収が365万円から460万円に増加した時代。

男女雇用機会均等法が86年に施行され、その年に就活を始めたので、バブルと機会均等法のダブルの追い風に乗ってメガバンクに就職。

でも、せっかく大手銀行に入行したのに、わずか2年でお父さんと結婚して退社、できちゃった結婚だったのかもしれない。90年に私が誕生している。そして、おばあちゃんと同じく専業主婦になる。「働いていればよかったのに」と言ったら、「あなたを生んだから仕事なんてできなかったのよ」と言われた。専業主婦が6割を超える時代、結婚を機に退社する寿退社も多かった。いまなら育児休暇があるし、保育園も増えたので、仕事を続けていたかもしれない。

お母さんの職場の先輩で5歳年上のお父さんは、結婚当初、どこよりも給与が高く、新築の家で新婚生活を送っていたようで、地方銀行が大変な時代にも、メガバンクはそれほど困ることがなかったみたい。だけど、最近は、銀行もいろいろ大変なのか、お父さんは60歳になる前に2018年に早期退職制度に応募した。退職金の割り増しを受けて、現在は悠々自適な生活。おじいちゃんも2000年には60歳で定年退職をしているから、おじいちゃんたちもお父さんたちも年金生活者だ。なんだか私が支えているような感じだ。

お父さんの生活は大きく変わった。銀行で仕事をしていた時は、朝から晩まで仕事をしていた。銀行の中の仕事は、銀行という組織の中の役割分担であり、自分勝手は許されず、目的を遂行するために、スケジュールを定めて、これを着実にこなしていかなければ全体の仕事が遅れてしまう。お父さんは、いつも時間に追われていたが、もう時間に追われることはなさそうだ。

家事労働のあり方は変化している。家事労働は、家電製品という新型の資本に置き換わったんだ。労働と資本の関係が変化して、社会が変化する。これも唯物弁証法なのか?

おじいちゃんやおばあちゃん、お父さんやお母さんは、それぞれに環境の変化の中で生きてきた。しかし、環境変化をどのように意識していたのだろう。経済の成長を実感していたのだろうか? バブル崩壊後、お父さんは、厳しい時代だと認識していたのだろうか? 同僚が銀行を去っていったとき、お父さんは何を感じていたのだろう。

■モノ余りで停滞しても変化が進む

私が生まれた1990年からは、日本経済は停滞しているように思う。専業主婦は3割ほどで、私は結婚しても働くだろう。サラリーマンの平均年収は、1997年の589万円をピークに下がり続けており、2018年は420万円しかない。収入は下がり続けるのだろうか？

成長と停滞。活気がある社会と活気のない社会。欲しいモノがたくさんある社会と欲しいモノがなくなった社会。所得が減り続けているのに、家電製品で必要なものはすべてそろっている。自動車は所有していないが、必要がない。駐車場の費用はバカにならないし、自動車保険や税金やら負担が大きい。自動車が必須であれば購入するけど、東京では必要ない。公共交通機関もあれば、タクシーも簡単につかまる。生活はそこそこ豊かで、それほど困ることはないが、所得は減り続けている。良くも悪くも変化を感じないが、変化を求めたいとは思わない。

「変化を感じない社会？　私が生まれた頃は、インターネットはほとんど知られていなかったが、Windows95などの登場により急激に普及している。初代iPhoneは2007年だ。私が高校生の頃だ。あまり実感はないけど、スマホが社会に与えた影響は大きいと聞く。

先生の書いた黒板は、スマホで撮影し、調べものは図書館よりスマホの検索で調べた方が早い。ウィキペディアは誰が書いたかわからないので、論文などの参考にはならないが、百科事典では、最新の情報が載っていない。

文章は紙に書かずに、私はパソコンで書く方が早いが、いまの大学生はスマホの方が早いらしい。勉強だけではなく、レストランや居酒屋の予約、買い物もスマホ、決済もスマホ、株式投資もスマホ、だから消費生活から貯蓄までスマホとなると、企業の広告・宣伝もスマホになる。

日本は、所得の成長はないけど、停滞しているのだろうか。高度経済成長期のように、給与の大幅な増加を経験したことはない。生活に困っているわけでもない。そして、毎年のように新しいビジネスが誕生している。スマホのアプリは次々に開発され、これからの10年は、もっと変化しそうだ。教授の話に登場したロボット店長は、出版社の上司を変えてしまうかもしれない。いやいや、先に私の仕事がなくなるかもしれない。AIは、自ら学習することで、小説も書くし、作曲もする。芸術的な絵画すら描けるのだ。著作権法をどうするかというような議論が起こるほどだ。こうした創造的分野でさえ、私よりも優れている。

若い世代は、社会の変化を知らないうちに受け入れ、環境変化に馴染んでいる。しかし、古い社会に慣れ親しんだ人は、おそらく若い世代よりも社会変化を敏感に感じ取る。受け入れられず、社会の変化に抵抗したくなる。

しかし、急激な社会変化は、スミスの興味の対象となった。個々人の行動規範を研究する倫理学から、個々人が相互に取引する経済社会の変化に関心を移していったのかもしれない。こうした人々の変化を目の当たりにしながら、スミスという天才は、価格と数量に還元する『市場』という概念に着目した。

何だか想像力が膨らんできた。変化を感じなくても、変化を発見しなければならない。教授は、まだ話し続けている。ちゃんと聞かなきゃ。

だけど、このとき、メグミの頭の中には、新たな疑問が生まれていた。スミスは、社会の仕組みが変化する中で市場に着目した。そこから100年以上の時を経て、テーラーやファヨール、バーナードなどが経営に関わる知識を紡ぎ始めた。市場の形成や社会のあり方は、企業経営に関係しないのだろうか?

おじいちゃんの時代から、私たちの時代までは、50年から60年だ。日本の市場と企業経営の関係を知りたい。そして、この時代に日本企業で働いていたおじいちゃんやお父さん、専業主婦になったお母さん。家族の人生は企業経営と関係するのだろうか?

教授の話は、個々人の人間的な側面に注目するのではなく、資本に焦点を当てた話になっていた。人間を見るか資本を見るかで、同じ活動にもかかわらず市場や経営はまったく違うものに見えてくる。

■私有財産が生産性を高める

授業は、資本主義という社会の特徴に展開していた。

「売買をするというのは、自分の財産と他人の財産の交換です。私有財産制度は、今や当たりまえですよね。でも、その制度が確立するというのは、不思議と言えば不思議です」

「私有財産制度の確立ですか?」石川さんは首をひねった。

「資本主義社会以前は、封建社会と呼ばれますね」

院生のほとんどが頷いている。

「封建社会は、土地中心の社会です。土地を領有する諸侯が、農民を支配して統治する。日本の戦国時代などを想像してみましょう。

お城があって、その周りに農民が暮らす。土地は生産物の源泉です。肥沃な土地を支配することで、豊かな農作物を収穫できる。農作物は、その地域の生産物の中心であり、地域の所得源泉です。GDPのほとんどが農作物という社会です。食糧を確保することで、武士の生活を保障することになる。武士が少なければ土地を支配できない。

城主は、武士の生活を守るために、農民から農作物を徴収しなければならない。農民にとっては、地代を支払っている感じですね。悪代官などは、農民からむしり取る。搾取ですね。しかし、悪代官が農民から一生懸命に搾取しても、お城に収められる年貢は増えないのです。なぜでしょう。辺見さん、どう思いますか?」

辺見さんは、無言のまま考えている。

「この社会の仕組みは、所得を増やさないのです。農民の収穫した農作物が増えても、農民の生活を豊かにしない。増えた農作物は、年貢としてお城に搾取されてしまう。こういう仕組みで、農民は生産物を増やそうとしますか?」

「頑張っても給与が増えない。頑張って働くことのインセンティブがない。私は、絶対に嫌ですね」

「さすが、辺見さんは勘が鋭い。そういうことですね。悪代官が出世するなんて許せない。働く意欲もなければ、働いても働いても、自分の所得にならないのであれば、生産方法を工夫することもない。親の生産方法を子が学び、子の生産方法が孫に継がれる。代官が素晴らしい人格者であれば、多少は働く気になるとしても、それには限界があるでしょう。代官のために生産するというのは、働く意欲にはつながりにくい」

「老舗の企業経営みたいですね。先祖代々続く秘伝のたれや製法を頑なに守るような」剛田さんの意見だが、これに天海さんが反論した。天海さんは、老舗の和菓子屋を承継している若手経営者だ。

「現代の老舗企業は、実際には、いろいろと変化させていると思いますよ。むしろ、先祖代々変わっていないように見せようと工夫している。本当は、かなり変わっているのに」

「天海さん、どんな変化なんですか？」

今度は、40代の女性が質問した。彼女は、貝塚さんという介護事業の経営者らしい。

「商品としては、昔ながらの色や形の和菓子でも、甘さなどは微妙に変えているんです。砂糖の種類なども、さまざまな品質を試して、現代的な味にアレンジをし続けているんです。もちろん、販売方法も、従来の店舗販売に加えて、ネット販売を取り入れたりしました。製造工程は、かなり機械化しています。工場内の温度管理や衛生管理など、コンピュータで制御されています。材料や商品の在庫管理や店舗への流通管理、経理ソフトを利用した財務管理システムの導入など」

「老舗企業も大変なんですね」

「そうですよ。同業者の数は減っているので、生き残るのは大変です。アイデアを出して、一生懸命に働いて、和菓子屋だけでなく、洋菓子屋やコンビニのデザートとも競争しているんですよ。菓子とは無縁の店でも、シャッターを閉めると商店街自身が寂れてくるので、これも気になりますし」

大学院の授業らしい。初めての授業にもかかわらず、院生同士で議論を始めた。

「そう。こういう工夫は、自身の財産を守る競争があるからです。天海さんは、日々、ストレスを受けていますね」

「まあ、ストレスというほどではありませんが、いつも考えています」

■安定を犠牲にしなければならない利潤最大化

「封建時代の農民は、豊かな暮らしをしていない代わりに、ストレスはほとんどない。農民の生活は、ほとんど同じで、1日の生活は単純です。暗くなったら寝て、明るくなったら農作業という具合です」

「貧富の差が生まれませんね」

「貝塚さん、良いところに気が付きましたね。階級社会でありながら、農民の生活には格差が生じない。隣の家と同じ生活をしていれば、泥棒などできない。困ったときはお互い様という互助の精神は育つかもしれません。犯罪のない社会ですね」

メグミは、封建社会をイメージしようとした。毎日同じ着物を着て、村人たちが同じように農作業にいそしむ。家に鍵などはなく、誰でも出入り自由。村の子供たちは、みんな一緒に遊ぶ。

「格差が生じるのは、生活の違いに基づいているのかもしれません。私たちの生活を考えてみましょう。職業によって、時間の使い方に違いがありますよね。時間の使い方が異なれば、当然ですが、頭の使い方も違います。毎日の経験や考えていることが蓄積していき、気が付いてみると所得の差となっています」

「同じ和菓子業界の中でさえ、日々の生活が格差をもたらし、成長する和菓子屋と廃業する和菓子屋、ということですか?」仙石さんの突っ込みである。

「そうですね。生産方法を工夫しない封建社会の農業は、技術を進歩させようとはしない。生産方法を工夫してみようともしない。これは、勉強をしなくてもよいということです。長い長い封建社会の時間は、生産に関する知識の蓄積がなかった。生産に関する知識の蓄積がなければ、消費の豊かさも変わらない」

「受験戦争もない。学校もない、そういうことですね」辺見さんが嬉しそうに発言する。

「ビジネススクールなど、とんでもないということです。働いた後で、疲れきった体に鞭を打って、大学院で夜10時まで勉強する。皆さん大変ですね。そういう私も、こんなに遅くまで働かされる」

教授の嫌味に一同笑いがこぼれる。

「現代の社会はいかがですか？　私有財産の売買は、自分の財産と他人の財産の交換です。だから、失敗した交換は、自分の財産を棄損します。自分の財産を守らない交換を続ければ、交換するモノがなくなり、破綻します。つまり、生活できなくなります。もちろん、自給自足で十分に生活できれば構いませんが、交換経済は自給自足よりも豊かになる。豊かにならないのであれば、交換する人はいません」

そうか。交換する方が豊かになるから、交換を選択する。売買は豊かさの選択なのか。自由な機会選択の結果、人は市場の売買を選ぶということか。メグミは、1人で頷いた。

「私有財産制度に基づく交換経済は、相手から受け取るモノが、自分が提供するモノ以上の高い価値を持つという前提で成立します。自分がモノを提供する犠牲の見返りに、相手からモノを受け取る。それは、コストをかけてリターンを獲得するということです。当然、財産を守るためには、コストを上回るリターンがなければなりません。コストを最小にして、リターンを最大にするという利潤最大化が、交換経済の目的となります。これは経済学的な売買の目的です」

授業の最初に話した営利法人と非営利法人の内容とつながっている。

「私有財産制度に基づく交換経済では、利潤最大化という目的は、必然ということですね」

■市場の自動調節機能

「さて、制度化した経済学では、具体的な市場の仕組みや人間の営みとして歴史的に形成した制度を捨象します。実際の人々の行動を観察して、そこから市場の価格機構を抽象化するというのは大変なことだと思いませんか。血の通った人間行動を、無機質な価格の動きに還元してしまう。〝神の見えざる手〟とは、人間味をなくした世界観でもあります」

「先生、〝神の見えざる手〟というのは、どういう意味なんですか」辺見さんの素朴な質問に、中堅製造業の営業部に勤務する上野さんが同調した。

「そうですね。もう一度、改めて確認する必要がありますね。人々が、私利私欲を追求して市場取引を行うことで、社会全体の利益が実現するという市場の自動調節機能です。売買当事者が価格シグナルに従って、自己の利益を追求すると、社会の欲する商品を増やし、必要のない商品を減少させることになります。希少な資源を最適に配分することになります。国や政府が意識的に調整することをせず、自由な市場の取引に委ねることで、社会は豊かになるという考えです」

「誰もが儲けることを考える。結果として、モノ不足やモノ余りが解消し、希少な資源が有効利用されるということなんですね。でも、そんなに簡単な話なんでしょうか？　歴史的な制度とか、人間味をなくした世界観ということも、もう少し説明していただけませんか？」

上野さんの質問に多くの院生が頷いた。

「そうでしょうね。簡単な話ではありませんね。これは、なかなか難しい問題なんです。〝神の見えざる手〟という市場機能の比喩は、一種のレトリックですね。スミスは、歴史的な市場形成や人間的な側面を無視して、市場機能を説明したわけではありません。しかし、市場の自動調整機能を強調するには、そうした側面を捨象することが必要だったわけです。

たとえば、老舗の食堂というのは、長い間、多くのお客さんを満足させてきたわけです。お客を裏切らない味と量は、店が長く存続していることで証明されています。しかし、老舗になるまでには、数十年とか100年とか、いろいろのドラマがあります。

美味しいと言ってくれる客だけでなく、まずくて高いと文句を言う客もいるでしょう。上得意の客や旅行中に寄った客との会話。新しい料理のアイデアを出してくれる客。

こうしたお客との交流に一喜一憂する一方で、店の改装費をどのように工面したらよいか、秘伝のソースは守れるか、息子は店を継ぐだろうか、取引先の企業が店をたたんだが、うちは存続できるだろうか。商店街が寂れていくが大丈夫か、今日の食材はどこから仕入れようか、というような問題が絡み合い、具体的な人間模様がドラマのように描かれます。

そうしたさまざまなエピソードから、市場価格と需給のみに着目するのが経済学です。スミスが抽象化した世界ですね。たくさんの飲食店が並んでいても、どの店が安くて美味しいのかを知らない。初めてのお店に入るのは、ちょっとした勇気が必要です。店主も、この価格でお客が満足してくれるだろうか、二度と来てもらえなかったらどうしよう、メニューは増やした方が良いだろうか、でも、メニューを増やすと準備しておく食材も増やさなければならない。

実際の価格は、こうした消費者と生産者の悩みや試行錯誤が繰り返されながら、売手と買手が納得するような価格として成立する。納得というと、現実的ではありませんね。とりあえず、売場が成立すると言い換えておきます。

儲けることを考えても、儲かるわけではありません。しかし、儲けようという努力は、顧客のことを考えているわけです。顧客が買ってくれるか否かを悩みながら、さまざまな競争相手などを意識して活動します。

こうしたさまざまなエピソードを観察しながら、市場価格を主役にしたストーリーにするのは容易なことではありません。その焦点は、価格と数量に焦点を当てることになります。スミスやその先達の経済学者たちは、1回だけの取引を観察したわけではありません。特定の場所で開催される定期的取引のみならず、不定期で、場所の確定しないあらゆる売買を市場として認識し、そこで成立する価格に注目したのです。歴史的で人間的な取引のドラマは重要ですが、これを意図的に捨て去って、『市場』という理念型を創造したのです」

「具体的な事実を捨てていくことで、価格による資源配分の仕組みを考えたということなんですね。財やサービスの売買は、商品の質や量を相互に比較できなければ行えないので、〝神の見えざる手〟のような理想的な決定は現実には難しいということですね」

「上野さん、その通りです。1つの『理念型』をそういう比喩で示したわけですね。スミスの頭にある人間は、自らの財産を高めるために交換する自立した個人です。売手も買手も交換は自己の責任で行うわけです。実際には、取引は相互に不確実な状況で行われますから、情報の非対称性などによるさまざまな問題が発生します。詐欺や卑怯な取引は、いつでも起こるでしょう」

これは取引コストの話なんだ。メグミは、市場の問題を認識できるようになってきた。

「スミスは、こうした交換に伴う摩擦的な要因を意図的に捨象したのです」

■分業経済のメリット

「スミスは、生産物が増加していく社会を肌で感じていたのでしょう。つまり所得の増加です。そうした中で、社会の富は消費財にあると考えました。生産物が増えなければ、金などの貴金属を持っていても豊かではない。消費財の増加があって豊かさを享受できる。それが富の大きさだというわけです。消費財を生産するための社会の仕組みを考えているんですね。そこで重要なのは、自由に売買する市場です。

繰り返しますが、売買というのは、私有財産制度が前提です。自分のモノと他人のモノを交換するのです。私有権が確立しているという社会ですね」

なるほど、私有財産の確立。私有財産を国家が認め、それを守る国家権力がなければ、市場取引はできないということなのかな。確かに、災害時の救援物資などは、並んで配給されるものを受け取るだけで売買じゃない。市場経済でない社会は配給社会とでも言うのかな。

「先生、先ほど労働市場の話をされましたよね。人の売買はできないけど、労働力が売買されるということは、労働は財産なんですか？」剛田さんが口を開いた。

「奴隷を認める社会でなければ、人の売買はできませんね。人は、誰かが所有権を有することはできないということになります。その意味で、私有財産の対象にならない。労働市場は、労働力という労働サービスの売買です。ガスや電力と同じ扱いです。しかし、人的資源とか人財などという言葉が成立するように、ある人の労働サービスを一定期間にわたり購入できるとすれば、それはサービスというフローをストック化したことになります。その意味では、私有財産の売買と捉えることができるでしょう」

「ちょっと難しいです。もう少しわかりやすく説明してもらえませんか」剛田さんが続けた。

「つまりサービスはフローで、それをストック化すると財産になる。ガスや電気は、使うだけの料金と考えると、これはフローです。一方、ガスを蓄えたボンベや蓄電池は、ストックとして売買されることになります。

市場は自給自足ではなく、分業経済です。スミスは、ピンの製造工場を事例に出します。小さなピン工場では、10人ほどが働いているのですが、針金を伸ばす人、真っ直ぐにする人、これを切る人、先を尖らせる人、頭部を付けるために研ぐ人、そこに頭部を付ける人など、ピンの生産工程は細かく作業分担されていました。特別な製造設備などがない工場ですが、1日に4万8、000本以上のピンを製造します。1人当たり4、800本のピンの製造です。もし、作業分担をせずに1人ひとりが針金からピンを製造するとしたら、1日に20本も製造できない。

この有名な話は、『国富論』の最初に出てきます。分業が自給自足より生産性を高めることを説明しています。結構、説得力があるでしょう」

メグミは、家事労働を分業することのメリットに気が付いていた。家事労働のすべてを家庭外の企業に委ねたら、もっと経済は成長するだろう。だけど、家庭生活をすべて他人に託すということになる。結婚生活の意味も考えなければならない。家庭内の生活は、理念型の市場経済では、描けないかもしれない。メグミは、分業経済が社会の仕組みを変化させると思うようになった。

教授は、依然として分業の話をしている。

「私たちの社会は、ピンの製造工程よりもさらに複雑な分業をしています。自動車は、どの家庭でも買えるような価格になりました。500万円の年収の人であれば、それほどの我慢をしなくても、1年で高い品質の新車を購入することができます」

そうか。私は500万円の年収にはちょっと遠いけど、40代になれば社長を脅してでも500万円の年収を確保したい。無理かな？　でも、500万円があれば、家賃150万円、光熱水費とスマホ料金で25万円、衣食関係で45万円、交際費や雑費で10万円という感じかな。合計すると230万円。保険や税金込みで270万円の車がたった1年で買えちゃう。メグミは、自分の家計簿を頭に浮かべていた。おじいちゃんの時代の10倍の価値の自動車を新車で購入できる。

「皆さんは、1年間で現在の普通の品質の自動車を作れますか？　おそらく、1本のタイヤでさえ、作れませんよ。現在のタイヤは、非常に高い品質です。高速に耐えられるだけでなく、ブレーキの利きなどの安全性や乗り心地を良くする快適性も備えています。

タイヤの耐摩耗性や柔軟性、反発弾性などを考慮した合成ゴムの作り方など知りませんよね。これを学んでも、その原材料を採掘して合成ゴムを作り、タイヤの形状にするには、どのくらいの時間がかかるでしょう。模様のデザインもタイヤの性能に影響を与えています。あなたが1年で購入できる自動車は、あなたが1人で生産しようとすれば100年でも難しいでしょう。タイヤ以外でも自動車の部品点数はおよそ3万です。1つの部品に1年かければ3万年もかかってしまうことになります」

3万年？ 今から3万年前はどんな時代だろう？ スマホで検索すると、ネアンデルタール人が絶滅した時代とある。日本列島に人類が住んだとされるのが4万年前くらい。しかも、2万年前でも、日本列島は大陸と離れていない。旧石器時代から自動車を作り始めて、やっと今頃完成するということになる。

「要するに、自動車を生産するには分業が必要だということになります。私有財産を相互に交換する市場経済は、生産性を爆発的に高めることになるのです。市場経済は、物質的豊かさを叶えるために理に適っている仕組みと言えます」

■短所は見ずに長所を発見する

「それで経済学は、どのように役立つのですか？」

辺見さんは、せっかちなのだろう。早く答えが欲しい。

「生産性を高めることがわかっても、豊かさに貢献できるとは限りませんよね」

「どうしてですか？」

「モノが増えることは嬉しいことかもしれませんが、それはモノが不足しているからです。モノがあまっている時に、同じものをたくさん供給されると、嬉しいですか？」

「いえ、必要ないものは、必要ありません」

「そうですね。私たちは、必要性の高いものから順番に購入します。これは先ほどの機会の選択です。満足の高いと思う機会から順番に選択していきます。あるモノが増えると、その必要性、あるいはそのモノの満足感は相対的に低下しますよね。このような必要性に応じた満足感を効用と呼んでいます。

洋服は欲しいけど、増えるに従って、その新しい1着のありがたさ、つまり効用は小さくなります。普通の財やサービスは、その購入を増やすに従って、その追加の効用が減少していきます。これを限界効用逓減の法則と言います。モノが増えると追加の効用は低下するのです。

「私たちが資源を無限に使用できるとすれば、たくさんのモノを生産しても構いませんが、資源は有限です。豊かな社会を実現するには、希少資源を相対的に高い効用の財やサービスに配分しなければなりません。

価格は、この問題に対する答えを与えてくれます。これは最初に説明した市場の価格理論です。価格理論はミクロ経済学の別名でしたね。誰が、誰のために、何を、どのような方法で、どれだけ生産すべきかの情報は、価格から知ることができます」

各自が自己の利益を追求して、儲けようとする。自分の所得を増やし、財産を増やすことで社会の所得と社会の財産が増加する。メグミは、主流派の経済学の考え方が理解できるようになってきた。

「企業という概念は生産者のことです。生産者は、努力して、勉強しないと優れた商品を生産できない。他社と比較して、コスト競争力があるか否かが重要です。ロケットを生産したいと思っても、その技術や知識がなければ生産者にはなれません。顧客にとって魅力的な商品の開発・提供は必要ですが、ロケットの顧客を特定しなければなりません。魅力的商品か否かは、顧客によって異なります。誰のためのロケットなのか、誰がロケットを購入するかを知らねばならない。

必要とする顧客が買えないような価格では意味がありません。競争でコストを下げることができなければ、市場競争で淘汰される。企業は分業の一翼を担うにすぎません。部品や原材料、さまざまなサービスを他の企業から調達して、これを加工して、他の企業や消費者に販売する。調達する部品や原材料、その他サービスは、質が高く低価格でなければ、これを加工して販売しようとしても、買手がつかない。優秀な労働者を雇用し、低金利の資金調達を実現しなければならない。

企業は、最大限の努力を尽くして取引先企業を探索し、一番優れた企業と取引することで一番優れた企業になれる。市場経済における利潤追求とは、優れた取引相手を探し続けることを意味する。弱肉強食の市場競争とは、弱い企業を淘汰するというよりは、強い企業を発見することなのです。それは、他人の良いところを発見することでもあります。

優れた取引相手を探すのは、経営者の役割です。さまざまなネットワークを駆使して、自分にはない能力を有する優れた経営者を探し、そうした企業と取引することで自分の企業価値を高めることができるのです」

他人の良いところの発見！　メグミは考えている。イジメやハラスメント、他人の足を引っ張るような出世争いは、市場経済の中では意味を持たないということか。企業の中でも、長所を発見して、その人を生かす職務につける必要がある。私は、文章のチェックなどの方が向いているように思う。新書の企画などを任せる上司は、市場経済では失格ということ？

メグミのメモ（まとめ）

①市場の自動調節機能

- 売買当事者が自己の利益を追求すると，モノ不足やモノ余りが解消し，希少な資源が有効利用される
- 国や政府は，意識的に調整せず，自由な市場取引に委ねることで，社会は豊かになる
  =スミスの“神の見えざる手”

②分業経済

- 私有財産制度が確立し，市場取引ができるようになると，分業経済が成立する
- スミスのピン工場の事例が示すように，分業経済は生産性を爆発的に高める

③限界効用逓減の法則

- 普通の財やサービスは，購入を増やすに従って，追加の効用が減少すること
- 豊かな社会を実現するには，希少資源を相対的に高い効用の財・サービスに配分しなくてはならない

第7章　フェアプレーのための経営学

■アダム・スミス

「先生、利潤最大化が資本主義経済の必然的な企業目的であることはわかったのですが、利潤最大化という表現は、あまり聞こえが良くないようなイメージです。金儲けをしなさい、お金の亡者になりなさいというように聞こえます」

「仙石さん、その通りです。利己心というか、自分の利益だけを考えることが社会の利益になるというと、これは本当にパラドックスですね。金儲けをしている人の自己弁護というか詭弁のような感じですね。

一般的には、利潤最大化と言うと、なんだか悪いことをしているみたいですよね。覚えていますか。先ほど、営利企業と非営利企業の説明をしましたね。非営利企業ばかりだと、社会は維持できなくなります。

病院のような非営利法人でも、自立した組織になるためには、利潤を追求する活動が必要です。診療による報酬と診療にかかる費用が秤にかけられます。費用が報酬を上回るようであれば、自立した病院経営はできなくなります。誰かに援助してもらわなければ持続できないということです。ただし、診療報酬を得るために、必要のない治療をしたり、過剰な投薬をするような医療行為は、許されませんね。病院を守るためという理由にはなりません。

同じように、食品の原材料を偽装したり、偽ブランド品で荒稼ぎをする悪徳業者は、利潤を追求する方法に問題があります。自己の利益を追求することが認められているとしても、利益の追求手段については、社会的に制約が課せられているのです。

取引に関する犯罪的行為や倫理に背くような行為は、社会から排除されていきます。卑怯な取引や詐欺まがいの取引は、誰もが望ましいとは思いません。そうした行為を行う企業に対しては、取引を警戒し、抑制的に働くでしょう。社会の多数が正当と認めるような正しい市場取引を選択しなければなりません。

小規模な企業が、誤った方法で利潤を追求すれば、その企業は存続の危機に陥ります。社会は、モグラ叩きのように、問題企業を排除する仕組みを持ちます。しかし、大企業になると、誤った方法を繰り返しても、長期間継続する可能性があります。その影響は、社会的には大きな損失をもたらすでしょう」

「中小企業は批判されないということですか？」辺見さんがにこやかに質問する。

「いえ、中小企業の場合、卑怯な取引をすれば、企業の生産活動が破綻し、企業という存在が消滅してしまいます。そのため、個人が批判の対象になるということです。大企業と中小零細企業では、企業としての社会的な意味が異なります。経済的な意味では、どちらも同じ生産主体です。株式会社であれば、法律上の企業形態も同じです。いずれも法人です。しかし、中小零細企業と大企業では社会的な影響力が異なります。

中小零細企業は、法律上の人格が与えられているとはいえ、経営者個人や家族の人となりが、法人と一体となって重なります。経営者個人や家族が自分たちの財産を出資しています。つまり、資本家であり、同時に労働もしています。悪徳業者のレッテルを張られれば、家族も生活権が奪われます。そのため、通常の中小企業は、自然人としての人格が法人格としての企業行動を制御します。

しかし、大企業は、経営者も資本家も労働者も入れ替わります。企業が問題を起こした場合、その責任の追及は、自然人としての個人や家族ではなく、代表取締役というような法律上の機関にあります。抽象的な機関が責任を持つことの意味を考えてみてください」

メグミには、その意味がうまく理解できなかった。人ではなく法律上の機関という概念が責任を持つということの意味は何だろう？

「中小零細企業の場合、意思決定者や行為者である個人が明確であり、問題が発生すると、その個人の責任が明確になるということです。自立した個人の責任を全うしなければならないわけです。一方で、大企業の場合には、時として責任の所在が曖昧であり、現場の従業員であったり、中間管理職であったりする。実際に問題を起こした従業員のみが責任をとることもあります。

企業が多くの利害関係者を含む組織となることで、利潤最大化を実現するための具体的な意思決定や行為主体を特定しにくくなります。もちろん、代表取締役などが責任を取らねばなりませんが、責任の取り方はさまざまです」

「つまり、組織と個人という違いですか?」

「そうですね。企業が組織として大規模化すると、私企業の利潤獲得の問題行動が、社会的に大きな影響を及ぼすことになります。利益の額は、社会に与える影響を反映しています。それだけ多くの人との取引がある。利害関係者が多いということです。そうした企業が問題を起こせば、当然、経営者の責任が問われます。

大企業の組織内では、資本家と経営者と労働者という機能分化が生じ、組織内所得の分配に格差を生じさせます。たとえば、利益が1、000万円の中小企業では、利益の全額を社長の報酬としても、年収1、000万円です。サラリーマンの給与であれば、高額所得者です。

会社の従業員の給与と比較すると2倍以上でしょう。大きな格差かもしれませんが、資本家であり、経営者であり、労働者である中小企業経営者の所得です。100億円の利益を稼ぐ大企業では、その1％の報酬でも経営者の所得は1億円になります。従業員の20倍以上の所得格差になります。それは、資本家や労働者ではなく、経営者機能に対する所得です。

一握りの資本家や経営者が、圧倒的に多くの労働者を雇用し、少数者の所得が多数者の所得を上回る構造となっています。労働者が問題行為を起こしたとしても、その責任は経営者に向けられます。経営者の仕事は、利潤最大化を目的としつつ、問題行為を起こさないように組織を経営することなのです。所得の多い少ないは責任の大きさを反映しますが、大企業の経営者がその責任を全うせず、従業員の責任にすり替えて、リストラなどすれば、当然、批判の対象になりますね。

こうした経営者の対応は、利潤最大化の批判につながっているわけです。それは企業の利潤最大化ではなく、経営者の個人的利益の追求です。責任を取って、社長を辞任しても、取締役として残ったり、多額の退職慰労金をせしめたりするかもしれません」

メグミは考えた。家族で資本を出して、事業を始め、家族で経営をして働いている事業は、所得の分配問題が発生しない。つまり、誰がいくらもらうのかあまり考えなくていいという ことになるのかな。ブラック企業の烙印を付けられたら、その地域で仕事をすることができなくなって困るよね。家族が社長であり、従業員でもあるので、家族の評判は企業の評判となり、家族の目的と企業目的に違いはないということかな。家族の誰かが社会的に問題のある行動をとれば、それは企業と言うより家族の社会的責任になるはず。

大企業は、たくさんの従業員が働いていて、それぞれの目的は企業目的とは一致しないし、各自の利己心の追求は、企業目的の追求にはならない。株主の目的と経営者の目的も異なるけど、経営者は、株主の財産を託されている。明らかに経営者の責任は重大だよね。利潤が株主に帰属するとしても、問題が生じるのは、株主の責任ではないのかな。

「市場の売買取引には、一定のルールがあります。社会的な倫理が反映されます。市場には秩序があるということです」

「ということは、利潤最大化は、悪意のあるような売買で儲けてはいけないということですね。誰もが正当と思えるような取引が必要だと」

「さすが仙石さん、そうです。その通りです。環境に配慮しない企業の生産活動や児童労働問題、その他のブラック企業問題など、社会が承認しない活動で利潤を得ようとするのは、経済学における利潤最大化ではありません。経営学は、社会が承認する活動の中で、経済的な利潤最大化を実現する方法を模索するのです。秩序ある取引で利潤を最大化させる方法を提案するのが経営学なのです」

スポーツのフェアプレーの精神のようだ。勝てば何をしてもよい。そんなモデルを作ったら、誰も認めるわけがない。メグミは、一流のスポーツ選手が正々堂々と戦う姿を想像していた。

「しかし、主流派の経済学では、企業は自立した個人の生産者であり、組織とみなしていません。組織内の個人は、各人が自立して責任を全うするような強い人間ではなく、自分で決めることができない責任感のない個々人の集合体です。経営者は、こうした弱い個人を束ねて意思決定する主体となります。

株式会社には、アダム・スミスの個人とは異なり、組織に依存する多くの自立できない人間が存在しているのです。最近は、組織の経済学などが登場して、経営学と経済学の境界を曖昧にしています。経営者の意思決定は、経済学の利潤最大化と組織の利害調整を天秤にかけることになるのです」

そうか。私は、自分で起業して会社を立ち上げることができない。少なくとも、現状では独立して出版の仕事をできるとは思えない。創成社という組織の中にいることで、なぜか安心している。もし解雇されたら、どうなるのかな。メグミは、自分が典型的な組織人であることを認識した。

■労働者と使用者の対立

「先生、天秤と言われましたが、かなり抽象的な話のように感じます。いずれにしても、企業が利潤最大化を目的とすると、労働者と株主の利害は対立しませんか？　景気が悪くなると、経営者はリストラをする」

「良い質問ですね。あなたは？」

「元木と申します。経済関係の新聞記者をしていましたが、管理職になった後で今は関連会社の経営に携わっています」

「労働者と資本家の対立は、日本でも労働組合が力を増す過程で顕在化しました。労働者が自主的に労働条件の改善などを図る目的で組織した組合です。基本的に、個々の労働者は、使用者である経営者と対峙する力がありませんから、労働者が一致団結して経営者と交渉するという構図ですね。これは日本国憲法で保障された労働者の権利です」

元木さんは頷きながら「第二次大戦直後は、60％以上の組織率だったと記憶しています。高度経済成長期には、組合主導で賃上げ交渉が行われました。国鉄時代、いまはＪＲですが、国鉄職員が鉄道利用客のことを省みずにストライキなどで労働条件を向上しようとして、批判的に捉えられた時代もありました」

「さすが、元新聞記者ですね」

「はい。ブラック企業の取材などをしたので、そういう関係でいろいろと資料を集めました」

「元木さん、ストライキって何ですか？」辺見さんが聞いた。

「辺見さんの会社は組合を組織していますか？　賃上げなどの交渉に対して、話し合いで解決できない場合に、仕事をボイコットするなどの争議行動です。業務妨害的な活動ですが、労働者の正当な争議行動ではあるんです」

「私の会社は、労働組合がありません」

「組織率は、低下傾向にあるようです。現在はおそらく10％台ですね。特に、派遣社員などの非正規雇用が増え、正規雇用の従業員数が少ない小規模な企業では組合を持たない企業が多くなっています。それに正社員と言っても、1つの会社に定着しなくなってきている。企業の組合活動に従事する人も減ったわけですね」

辺見さんの質問に対して、元木さんの回答は、元新聞記者の面目躍如だ。

「労使対立は、資本主義社会の基本的問題なのでしょう。マルクスの資本論の階級闘争の問題でもありますね。企業経営どころか、国家の仕組みを問題とするような革命などの話につながりますから」

教授は、テーラーの科学的管理法やトヨタ自動車の創業者である豊田喜一郎社長が辞任せざるを得なかった1950年の労働争議を交えながら話を進めていった。

「しかし、この問題を考える場合には、売上の分配問題をどのような時間軸で捉えるかということで異なる結論に導きます」

「時間軸ですか。イメージできません」

「そうですね、辺見さん。難しいかもしれませんが、この問題も考えるには、株式会社について考察しなければなりません」

■株主と労働者はパイを奪い合うのか?

「まず、利潤最大化は、労働者の賃金と対立する目的ではありません。テーラーの科学的管理法は、労働者の反発を買ったのですが、労働者の所得は結果として増加しました。ここで時間軸とは何かを考えましょう。

ピン工場の分業を時間軸で捉えてみましょう。ピンに限らず、すべての生産物は、最終的には消費者が必要なものを生産しなければなりません。いまピンを購入する消費者は、1週間前には自分がピンを購入することを考えていません。それほど計画的な消費をしていないのです。しかし、このピンがいま購入できるということは、手芸品の店にピンの在庫がなければなりません。

針金を作る会社や針金を切るペンチの会社は、ピンのことを考えていないでしょう。針金は鉄やアルミ、ステンレスなどで生産されます。ペンチは、鉄に炭素、ケイ素などを含む炭素鋼です。これらの材料を採掘して、加工し、針金やペンチにする方法は、ピン工場の生産者には関係ありません。ピン工場は、針金工場やペンチの工場が存在し、これを販売する工具店などが存在することでピンを生産できます。

製鉄会社の鉄は、直接、消費者が欲する部分はほとんどありません。工場の機械装置や運搬用の船舶やトラック、さまざまな道具として利用されることになります。鉄は鉄鉱石と石炭、それに石灰石などから作られますが、これらの材料を採掘する作業員は、それが鉄になり、さまざまな生産物になることを知らないかもしれません。

アダム・スミスは、ピン工場の内部の分業を垣間見たのですが、ピンを完成するまでには、数えきれないほどの分業が成立しています。ピンに携わるすべての仕事を列挙して、これを順番に生産していくとしましょう。1本のピンは、何十年もかけねば生産されなくなります。しかし、実際には、製鉄会社は存在して鉄を生産している。船舶やトラックは完成して、海運やトラック輸送に使われている。

驚くことに、誰も、消費者の購入するピンの質や大きさ、数量を正確には知らない。ピンを販売する小売店は、自らの判断でピン工場から仕入れる。ピン工場は、ペンチや生産活動をする工場を準備している。海運会社もトラック輸送の会社も、ピンの消費を考えずに、船やトラックを購入し、運ぶ準備をしている。こうした準備は、どのように行われているのでしょう?

身近な例でも考えてみましょう。消費者は、気まぐれで居酒屋や食堂に行きます。飲みたいときや食べたいときは、計画できません。欲望に任せている。こうした気まぐれな消費者のために、居酒屋や食堂は、事前に食材を準備しているのです。これは毎日のように行われています。しかし、日々の食材だけではありません。椅子やテーブル、冷蔵庫、オーブンやレンジ、その他の厨房設備を準備します。食器も、今日の昼食の客を予想するだけでなく、数年間の客を予想している。消費者自身が事前に計画していない飲食のために準備をするのは誰なのでしょう。

すべての生産活動を準備しているのは、株式会社の株主です。分業の話ですが、時間軸を考慮した未来のための分業です」

「具体的に説明していただきましたが、まだ理解できません」誰ともなく口を開いた。

「では株主は資本を出資する人です。この自然人としての株主は、自分の所得の中から消費しなかった残りを貯蓄しています。この貯蓄を株式に投資すると株主となります。その時、どのように考えて株式投資をするでしょう。昨日までの利益とは関係なく、将来に儲けてくれそうな会社の株を購入するでしょう。

儲かりそうな会社の株価が上昇する。それは、使用する希少な資源のコストを負担できるということです。株価の上昇する会社に資源が集まり、将来の顧客のために生産を準備できる。必要とされる企業は、労働者を雇用し、生産設備を準備するのです。

消費者は、今日の昼食さえ無計画です。季節が変わるときに、どのような洋服をどれだけ購入するのかも考えていません。無計画な消費者の将来行動を予測し、その消費のための準備をしておかねばなりません。あなた方が株式投資をすれば株主になりますが、あなた方は同時に消費者です。たぶん自分の消費計画は練ることはできないのに、儲かりそうな会社の株を購入する。

株主は、自分の株式投資が将来の消費者のための準備活動であることに気づいていません。多くの企業は、消費財メーカーというよりは、原材料や部品などを生産する中間財を生産しています から、株式投資と消費者の効用が直接結びつかないのです。

しかし、利己心での投資が、将来の消費者に貢献することになります。消費者に貢献できる企業の労働者には満足できる賃金が支払われるでしょう。消費者に役立たない無用な生産活動は、労働者を解雇することになります。

要するに、株主の投資活動は、消費者の将来の消費を確保するための準備行為なのです。もちろん、将来はわかりません。ですから、株主の投資にはリスクがあります。このリスクを負担するという株主の役割が、資本主義社会を支えていることになります。労働者の所得をもたらすのは、株主の投資があるためです。

十分に消費者に貢献できる企業であれば、サービス残業や有給休暇を取らせないようなブラック企業になる必要はありません。魅力ある財やサービスを供給できないために、賃金を抑制して企業を存続しようとする。労働者も消費者です。どんなに利益を稼いでも、消費者の豊かさに貢献できない企業は、社会が許さない」

「社会が許さないとは、どういうことになるのでしょう」メグミは思わず質問した。

「先ほどお話ししたように、売買取引は社会的秩序に基づいているということです。売買取引は、企業活動そのものです。ブラックと名指しされた企業から商品を買うのは控えられるでしょう。労働者は、ブラック企業で働きたいとは思わないでしょう。銀行は融資を渋るかもしれません。株主は、そのような会社の株を購入するでしょうか?

どうですか。経営者の仕事は大変でしょう。社会的秩序に従いながら、最終消費者につながる魅力ある商品を提供する。〝神の見えざる手〟を経営者は見ようと努力するのです」

■労働者の質とは

ブラック企業でも、大儲けしている会社があると思う。でも、将来にわたって、そうした会社が生き残れるとは思えない。時間軸の問題だろうか。教授の話には、納得できる部分もあるとメグミは思った。

「話を進めましょう。利潤最大化は、生産要素の売買にも影響を与えます。良い土地は必要ですし、自然資源は重要です。魅力的な自然資源があれば、これを採取する土地の価値は高くなります。労働者は人間ですので、売買対象にはなりませんが、労働者のサービス、つまり労働力は売買対象となります。質の良いサービスを供給する労働者を雇用すれば、労働生産性は高く、生産コストは下がります。質の高い労働サービスは、高い賃金になるのです」

「先生、労働の質は、どのように評価するのですか？」

辺見さんの質問が、教授の話を遮る。絶妙のタイミングで、メグミとしては、教授が話し続けるより、質疑応答があることでメモも取りやすくなるし、ゆっくりと考えることができる。

「未熟練の単純労働は、テーラーの科学的管理法などの標準的作業量によって評価できます。流れ作業のような工場では、最も遅い作業者に合わせなければなりませんから、生産性を上げるためには、標準的な作業量を定めて、作業員を訓練しなければなりません。こうした生産現場のブルーカラーの労働者の質は、比較的にわかりやすいでしょう。しかも、評価と実際の結果には大きな違いはない。

しかし、営業職や管理職などのホワイトカラーになると、その評価は難しいですね。人事考課は経営において、非常に重要な課題です。労働者自身、仕事に関しては、自分の能力を評価できないでしょう。どのくらいできるのかは、やってみないとわからない。当然、使用する側もわかりません。

商品の需要と供給では、情報は非対称的ですが、労働力という商品は労働力を供給する側もわからないんです。これは目的を達成するための計画と実際の実現値にギャップをもたらす最大の要因ですね。

笑い話のような話ですが、私のゼミの学生でとんでもないのがいたんですよ。彼は、ある大手の出版社に入社する際に、ロシア語がペラペラだと言ったんですね。まったくのデタラメですが、面接官はロシア語を評価できないので、有用な人材と考えたんでしょうね。入社試験にパスして、いまではかなり戦力になっているようです。でも、ロシア語の仕事はできません。それに普通は、こんな嘘は良心が許しませんね」

教授は笑いながら話した。メグミは、自分の入社試験を思い出しながら考えた。そんな嘘をつく学生がいるんだ。しかし、大なり小なり、みんな嘘をついているよね。志望理由は、かなり作り話だし、「御社が第一志望です」とか言っておきながら、採用通知が来ても簡単に辞退する。第二志望ですらないかもしれないよね。

労働力を評価するということは、人間の評価だ。メグミは、評価の難しさを感じていた。

「そもそも労働力の質は、相対的です。肉体労働が必要なとき、頭脳労働者を雇用しても意味がありません。ＡＩの専門知識が必要な時に、化学や医学の博士は必要ありません。時代が変われば、労働力に対する質の評価が変わります。また目的によって組織が変わり、労働力の配置に変更が生じると、これまで優秀であった労働者が無用になったりします」

「労働力の相対評価が変わる根本的な理由はどこにあるのでしょう」貝塚さんが代わりに質問をしてくれた。

「熟練労働が単純労働に変わるのは、生産手段である資本が変化するからです。良い道具をたくさん持つことでコストを最小化できます。同じ労働力であれば、質の高い道具を使うことで生産性が高まります。つまり、短時間でたくさんの生産物を生産できます。1個当たりの生産物の価格を低下させることができると、当然、利潤最大化に貢献できるわけです。靴をすり減らす営業より、パソコンやスマホを使いこなせる営業が重要視されるようになるのも同じです。

つまり、良い道具を持つと競争に勝つということです。これは技術の進歩を加速化させます。新しい生産手段、つまり生産のための機器や備品、機械装置などが次々に登場します。

大型コンピュータが登場した時、一部の専門的な知識を有する人が求められました。コンピュータが小型化し、使い勝手の良いパソコンになると、特別な知識を持たない人でも、かつての大型コンピュータと同じ作業がこなせるようになります。

もちろん、現代では、新たな局面でＤＸ人材が求められています。ＤＸ関連の技術革新が企業そのものの力を左右するというのであれば、これを使いこなせる労働力が求められるのです。技術の急速な成長と発展は、利潤最大化の必然的結果なのです。利潤最大化は、資本の質を急激に変化させ、資本の蓄積を進めたのです。労働者は、資本の質量の変化に翻弄され、常に自分の労働量の質を見直さなければならなくなりました。新しい技術が登場するたびに、自分の価値が相対的に変化するのです。これは、結構なストレスです」

「そうなると、人事部の仕事はかなり重要ですね。うちの会社の人事考課は、いい加減で、いつも不満をもらしています」

剛田さんは、ソフトの開発について、その仕事内容を人事部が評価できていないという。営業などと異なり、開発の仕事などは難しいだろう。個々人で勝手に開発しているわけではないし、チームで仕事をしている場合には、貢献度などをどうやって評価するのか難しい。

「そうですね。人を適切に評価できる会社は成長しますね。目的を達成するために、適材適所に人を配置できる企業は、当然、仕事が早く、しかも質の高い成果を生み出しますから。しかし、目的は、常に一定ではないし、実現させる方法も変化しますから、人事考課は企業経営の最も重要な仕事と言えるでしょう。労務管理論や人的資源管理論などが重要な経営学の科目となるわけです。

資本とは機械装置や建物のような形のある物的なモノに限定しません。むしろ、今お話ししたような人事考課のノウハウや特殊な技能、生産方法、販売方法などの蓄積されたノウハウ、顧客情報や著作権、特許権などの無形資本が重要な役割を演じています」

無形資本か。また難しい言葉が出てきた。メグミだけでなく、院生全員が、この言葉に反応した。

ふー、疲れた。編集の辺見さんの質問で、授業がテンポよく進んでいる。ソフト開発をしている剛田さん、歴史専攻でカフェを経営している仙石さん、医師の石川さん、和菓子屋の天海さん、介護の貝塚さん、中堅製造業の上野さん、元記者の元木さん、自動車会社の豊田さん、中堅商社の庄司さん、銀行の金田さん、合計11人。それにしても、みんなよく質問するし積極的だな。私も普段から色々と意識して仕事してみよう。時間的に、これでようやく半分、授業が終わったみたい。まだ、あるの？　初日にしては詰め込みすぎだ。もうパンクしそう。がんばれ、私。もう少しもう少し。メグミは、こんなことを考えていた。

メグミのメモ（まとめ）

①利潤最大化

- 経営学は，社会が承認する活動の中で，経済的な利潤最大化を実現する方法を模索する
- 利潤最大化の必然的結果として，技術の急速な成長と発展がもたらされる

②労働者と使用者

- 非正規雇用が増え，正社員の定着率の低下により，労働組合の組織率は低下傾向
- 消費者の豊かさに貢献できる企業は，株主の投資，質の良い労働者を呼び込む

③労働者の質

- 質の良いサービスを供給する労働者は生産性が高く，生産コストが下がるので，利潤最大化に貢献する
- 労働力の質は相対的で，新しい技術が登場するたびに価値が変化する＝評価が難しい

第8章　株主重視の経営学

■無形資本とは？

「先生、無形資本について、もう少し説明してもらえませんか」辺見さんのナイス突っ込み。

「そうですね。大事な概念です。道具というと、形のあるモノを想像してしまいますよね。資本の概念も、研究者による分類です。有形の資本と無形の資本という区別は、資本という概念そのものの理解がないと難しいでしょう。これは生産要素の価格について、説明することから始めねばなりません」

「労働力と土地と資本ですね」辺見さんが覚えたての言葉を繰り返す。

「そうです。生産の3要素です。労働力の価格は、賃金です。土地は地代、そして資本は利子です。これは生産要素の報酬ということになります。労働力を提供した見返りに賃金、土地には地代が支払われます。同じように、生産手段である資本には、利子が支払われます。

生産の３要素

資本	土地	労働
利子	地代	労働賃金

道具を使って、生産物が増えなければ意味がありませんよね。この増えた部分の価値が利子になります。１億円の機械設備を購入したら、追加の費用を除いて、１００万円だけ収入が増えたというのであれば、利子は１００万円で、利子率は１％です」

「先生、利益が増えたのではありませんか？　利子なんですか？」

「良い質問ですね、辺見さん。利益という言葉は、会計帳簿で使用される一般的な用語ですね。帳簿上は、売上総利益や営業利益、経常利益などの利益概念がありますが、最後に計算される当期純利益は、株主に帰属する利益です。ですから、株主資本の利子、あるいは自己資本利子と呼びます。一方、帳簿上の支払利息は、借入金などの他人資本の利子です。経済学では他人資本利子と自己資本利子は、いずれも利子です。お金を借りた場合の利息も、会社が稼いだ営業利益から支払われます。ともに資本の報酬である利子とみなされるんです。言葉の使用方法は、学問分野によって多少とも異なってくるので注意しましょう。文脈で考えねばならないということです」

「経済学で使用する利潤という概念は、もう少し複雑です。正常利潤と超過利潤に分けて、不確実性の問題などを議論することになるのですが、ここで

5種類の利益

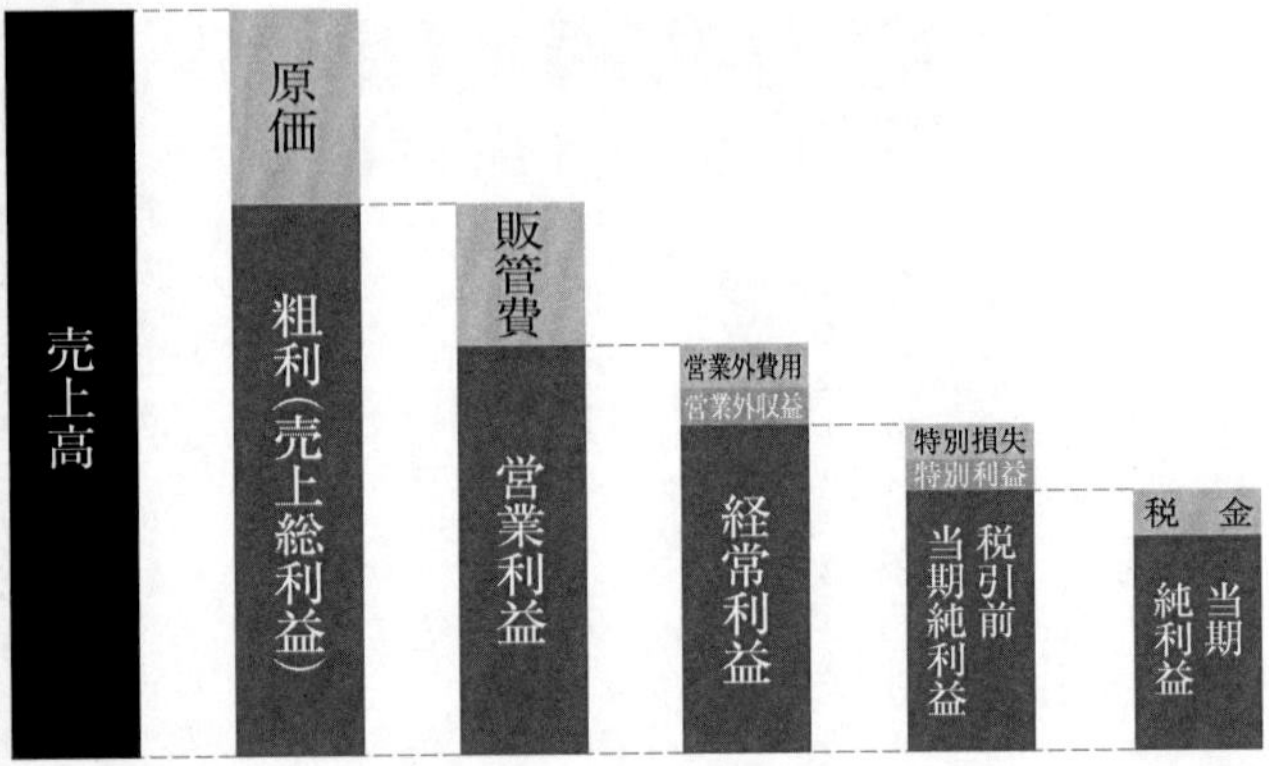

は触れないことにしましょう」

「利益が利子ですか。ちょっと驚きです。でも利潤はまだ教えてくれないんですね」

「そうですね。利潤は正味現在価値などの投資評価論で勉強してください。この授業では、不確実性に対する報酬とでもしておきます。まずは、資本とは何かを考えましょう」

辺見さんは、少し不満な顔をしたが、教授は授業を進めた。

「資本は利子を稼ぐわけですが、この見方を逆転させると、利子を稼ぐものが資本であるということになります。

この発想の転換により、利子を稼ぐモノは、有形の資本に限定されなくなります。著作権は、将来の収入を期待できます。特許権も商標権も同じです。特許権に価値があるのは、その技術が真似できないからですね。もちろん、その技術情報があるおかげで追加のキャッシュを稼がないのであれば意味はありません。

会社名としての商号や商標権はどうでしょう。自動車のフロントについているマークは、その自動車の特質を表してくれます。レクサスやベンツのマークは、高級車の証です。営業マンが、社名だけでなく会社のマークを印刷しているのは、会社や製品などの特徴を速やかに顧客に認識させるためです。

無名の会社の営業マンは、話を聞いてもらうにも一苦労です。電話も用件を聞かずに切られる。買ってもらうまでに相当の時間を費やすでしょう。この時間は、すべてコストです。有名な会社は、このコストがかからない。つまり、それだけ将来のキャッシュが増えることになります。このキャッシュが増えた分は、利子ですよね。

それらは、時間をかけて蓄積した信頼や評判です。会社名のわからない自動車を買ったり、これに乗るのは勇気がいります。突然、エンストを起こすかもしれないし、暴走するかもしれない。顧客が勇気を奮うことなく商品を購入できるとすれば、社名は資本としての価値があるということです。経営者の役割は、会社の名前に価値を持たせることです」

■社会の資本とは？

「先生、いまどき、そんなおかしな車は売れませんよ。車検などがあるし、保安基準の審査をパスしないと形式認定されないので、販売などできないですよ」

「豊田さんでしたか？　自動車会社に勤務されているんですよね。確かに、その通りです。現実離れした例かもしれません。しかし、昭和30年代には、山道や高速道路でオーバーヒートしている自動車がよく見られました。新興国では、整備不良の自動車が煙をまき散らしながら走っているし、故障して道路上に乗り捨てられ大渋滞になることも日常的です。自動運転が一般化した時には、高齢者の暴走事故は無くなるかもしれない。しかし、豊田さんの指摘は大事なことなんです」

教授の話は、院生とのやり取りをしながら、あっちこっちに進む。今度はどこに行くのだろう。メグミは、こうした授業の進め方に引き込まれていった。

「日本では、自動車を製造販売したり、建物を建てるために建築基準法がありますね。いろいろな商品やサービスにも、それを製造するための許認可があります。病院の医師は、国家資格を持っていますよね。

こうした法律は、企業にとっては、面倒で煩わしいものですが、顧客の立場ではどうでしょう。危ない自動車は売っていない。危険な建物は建てられない。有害物質の入った食品は製造・販売できない。一定の医療の知識や技術のない医者は存在しない。だから、皆さんは、比較的簡単にモノやサービスを購入できるのです。

顧客にとっては、商品情報は完全ではありません。住宅の耐震性は、建設会社は知っていますが、顧客は十分な知識がない。資格のない医者にお腹を切らせたくはないでしょう。さまざまな法律や規制によって、私たちは安心して購入できるのです。

そうした売買に関する規制が未整備な新興国では、賄賂など、何でもありですから、顧客は、個々に情報を集め、適切な取引相手を探して交渉し、売買契約等をしなければなりません。これらの諸活動を取引コストというのですが、このコストが高すぎると市場取引は成立しません。法律が整備され、正しい取引とは何かということが認識されないと、市場経済は成長・発展しないのです。取引が円滑に行えると分業経済が発展し、富が増加します。ですから、こうした諸規制は、社会的な無形資本なのです。

もちろん、窃盗犯や詐欺、略奪など私有財産を守るための警察機能や消防などの諸機能は、社会にとって不可欠な組織が担います。そこには、パトカーや消防自動車などの有形資本も必要です。有形の社会資本としては、道路や港湾、空港、下水道などがあり、それらは市場取引をする上で欠かせないものです」

「なるほど。よくわかります。私は海外赴任が長いので、海外の企業と交渉するのは大変でした。契約書を交わしても安心できない。港が整備されていないと、海運が機能しない。港湾運送業務がなければ、そもそも貿易ができない」

「あなたは？」

「失礼しました。中堅の商社に勤めています。庄司と申します」

■変化する資本の価値

「利潤最大化を実現しようとしても、資本の質・量によって影響を受けることになります。労働力と資本の結合関係によって、製品の質や生産量、そしてコストが決まります。

そして、資本主義経済にとって大事なことは、資本の価値が常に変化するということです。固定電話やガラケーがスマホに変わることで、取引の仕方に変化が生じれば、固定電話やガラケーの価値が減少します。同時に、この道具を使用する人間の労働力の価値も減少します。道具に価値がないということは、これを使う労働力も価値が無くなるということです」

コンピュータは、これを使いこなせる人がいて意味のある資本になるということ。スマホはほとんどすべての業務にいまや不可欠だし、多くの新技術が労働者の評価を変化させている。

「ところで、企業価値というと何を考えますか？」

「株価ですね」商社に勤める庄司さんが即答した。

「そうですね。株式の価値は、企業の所有者である株主の持ち分の価値、つまり純資産の価値を表しているのですが、企業全体の価値という視点では、借入金や社債などの負債の価値も加えねばなりません。これらの評価問題は、経済学の利子論や資本評価理論ですが、経営学では経営務財論や財務管理理論などで扱われます」

メグミは、なぜ株価の話や企業価値の話になったのか、十分に理解できなかった。突然、話の内容が変わったと思っていたのだ。そのとき、辺見さんがメグミの気持ちを代弁するかのように質問してくれた。

「先生、株や社債の話は、固定電話とスマホの話とつながっているのでしょうか？」

「そうです。企業の所有しているさまざまな生産手段は、株主や債権者が提供してくれた資金を源泉としていますよね。皆さんは、株式投資をしたことがありますか？」

何名かが手を挙げた。

「儲かりました？」

教授の質問に、院生たちは困った顔である。

「株価の動きは、生産手段である道具と労働力が結合して生産される商品価値に基づきます。固定電話の価値を減少させるのは、企業の売上に貢献する度合いが小さくなったからです。資本を所有するのは、利益を上げるためですが、技術の進歩や環境の変化によって資本の価値は変動します。それは売上への貢献度が変化するからです。先に説明しましたよね。無形資本の説明で、資本の概念は将来の利子を稼ぐのが資本だと」

そうだった。メグミは、話のつながりを確認した。

「資本価値が変動するのは、歓迎ですか？　辺見さん、いかがですか？」

「株価ということですよね。株価は上がってほしいので、上がるのは歓迎ですが、下がるのは困ります」

「そこですね。上がることを期待しているけど、下がってしまうようなことが起こる。経営者が工場を建設したり、機械装置を購入するときに、その価値が下がることを期待しますか。言い換えると、工場の建設は、工場で生産する製品を販売して儲けようとするからですよね。この製品が売れないとわかると工場の価値が下がる。機械装置も同じです。下がるということを予想していたら、誰も工場の建設や機械装置の購入という投資活動を行いません。

しかし、現実には、予想しなかった事態に遭遇して、下がってしまうことがある。

工場も機械装置も、法人である企業の所有であり、その企業の所有者は株主です。株式会社という私企業は、株主の私有財産なのです。財産を所有するということは、こうしたリスクを負担することになるのです。利益を得るために生産手段を所有することのリスクです」

資本を所有しなければ利益を稼げない。だけど、利益を稼ぐために資本を所有するとリスクを負担しなければならない。資本主義社会というのは、なかなか厄介な社会なんだ。メグミは、利潤最大化の意味をもう一度考えてみた。資本家は投資さえすれば稼げるわけではない。社会が認める生産方法や販売方法に基づき利益を稼ごうとするが、期待通りの利益が稼げるわけでもないし、お金さえ持っていれば良いという話ではないよね。そうか、だから専門経営者が必要になるわけか。「所有と経営の分離」の話を思い出し、改めて経営学の必要性を認識することになる。

「当然のことですが、不祥事続きの会社やその商品は、社名も商標もプラスには働きません。不祥事は、市場の失敗ではなく、経営者による失敗です。有形、無形に限らず、不祥事続きの企業に希少な資源を託すことはできません。

将来にわたって利子を稼がないとわかれば、資本としては価値がないことになります。価値がない道具は、資本ではないということです。その価値の変動は、環境とともに時々刻々と変化しているのです。経営者は内外の企業環境の変化を認知し、適切に対応しなければなりません。利害関係者との関係は、年中変化します。経営者は、利害関係者間の調整を通じて、企業の資本価値、つまり株価を高めることになります。

先にお話ししましたが、市場取引のために必要な法規制などは、社会資本の価値を変動させます。新しい製品やサービスが誕生すると、これに不随した法規制が必要になります。ネット売買のような仕組みや仮想通貨の取引に関する規制、ドローンに関する規制など、常に新たな法規制が必要になります。

それは、市場取引を円滑に行うためのものですが、一方で、考えていなかったような新製品やサービスの誕生を阻害します。規制緩和を訴えるのは、そういうことです。古い法規制が新規事業の誕生を阻害するという意味で、負の社会資本となってしまいます。こうした社会資本の変動は、すべての企業に直接・間接的に影響を及ぼしています」

「なるほど」メグミは声を出さずに納得した。

道路交通法のおかげで、セグウェイは公道を走れない。私はセグウェイで通勤したかったけど、交通安全を優先しているのだろう。セグウェイが走れたら、原付バイクや自転車の売上に影響を与えたかもしれない。駐輪場の設備も変えることになるかな。多くの問題を考慮する法規制の重要性を知りつつも、メグミはもっと自由な社会でも良いと感じていた。規制と自由を秤にかけるとき、その結果責任も考えねばならない。自由には責任が伴う。

■名前には価値がある

「優良企業の経営者は、知らないうちに無形資本を蓄積しているのです。もちろん、無形資本は外部から購入できるし、売却することもできます。商品の名前が欲しいという企業の買収もあります」

「名前欲しさの買収ですか?」貝塚さんが聞いた。

「そういう事例は、たくさんありますよ。『ロールスロイス』って知っていますか?」

「なんですか? 紳士服か何かのブランドですか?」

「イギリスの最高級の自動車のブランドです。もう知らない人が多いのですかね。

自動車と言いましたが、この会社は自動車のみではなく、航空機のエンジンなどを生産する会社でした。しかし、有名なのは自動車でしょうね。最高級の自動車を熟練した職人がほとんど手作りで生産していたのですが、技術進歩の流れに遅れてしまい、破綻の危機を迎えます。一時は国有化して乗り切りますが、その後、自動車部門はイギリスの民間企業に譲渡され、さらに、ドイツのフォルクスワーゲンが買収することになります。

面白いのは、ここからです。フォルクスワーゲンは、ロールスロイスの製造工場やそこで働く従業員という会社を買収することに成功するのですが、ロールスロイスというブランド名は、ＢＭＷに売却されてしまったのです。フォルクスワーゲンは、困ったでしょうね。そんな契約で赤字体質の企業を買収しても、価値があるどころか、損失がついてくるだけです。詐欺的な契約だと怒ったでしょう」

「フォルクスワーゲンは、ロールスロイスという商品ブランドが欲しかったのに、赤字の会社だけを買わされたということですね」

「そうです。その後は、同じドイツ企業同士で協議・交渉して、ＢＭＷはロールスロイスの製造販売、フォルクスワーゲンは、これも有名ブランドのベントレーという高級車の製造販売を行うことになりました」

メグミは、経営者同士のずる賢い交渉過程を考えていた。現場で働いている、多くの従業員が築いた価値を経営者が勝手に売買しているような違和感を持った。

「こういう協議や交渉は、常に市場取引の中で発生しますね。これらも取引コストの一種ですよ」

「市場の取引は、経営者のずる賢さの塊だ」メグミは、嫌な気持ちになっていた。

「無印良品って知っていますよね。ＭＵＪＩです。株式会社良品計画が運営するブランドです。無印良品ＭＵＪＩは中国でも２４０店舗も展開しているんです」

「あっ、聞いたことあります。外国企業がパクったと」

「そうですね、貝塚さん。無印良品ＭＵＪＩは、店舗の外観から内装まで、統一したブランドイメージを持っています。身近な生活用品から家具や文具等を販売していますが、衣類やタオルなどの布製品も販売しています」

「私も、よく買いに行きます」

「良品というくらいですから、良い製品ですよね。外国企業が、この会社と酷似した店舗を作って、布製品に「無印良品」のタグをつけて、販売したのです。ただ、パクられたと言っても、法律上は難しい。なぜなら、日本の「無印良品」は衣類や布製品に関して海外での商標権を取得していなかったからです」

「商標権という無形資本ですね」

「そうです」

■商標権の持つ経済的価値

「先生、商標権に価値があるのは理解できます。無形資本というのはわかりますが、何となく悪いイメージが。そんなものがあるから、おかしな取引が行われるのでは?」

「南山さん、面白いですね。そういう考え方をするんですね。確かに、消費者は、ブランドで惑わされますね。同じ質の商品でもブランドによって値段が違う。つまり、価格による資源配分というのは完全には機能しない。ラグジュアリーブランドなどは、製造原価に比較すると販売価格は異常に高いでしょう」

「口紅の原材料は、クレヨンとほとんど一緒だと聞きました。クレヨンは1本30円とか50円、口紅の値段は、数倍から数百倍になる。高くしないと口紅は売れない。これは、人間の心理でしょうね。原価表示を義務付けたら大変ですね」

「いずれにしても、こういう問題は情報の非対称性ですね。ブランドに価値があるのは、多くの顧客が購入してきたという歴史的な事実があるということです。その購入者の満足感が、さまざまな情報の媒体を通じて人々に伝わった結果です。市場価格は、商品の質を評価できない。しかし、そういう顧客の信頼度を価格は表現してくれるのです。もし、ブランドの価値がなければ、市場の価格機構はもっと機能しなくなるでしょう。

日本企業の商標は、海外の新興国で偽物が横行するほど人気がある。それは、その会社の商品が信頼できるためです」

なるほど太宰治という名前は、ペンネームだ。本名は津島修治だけど、この名前を出してもピンとこないよね。太宰治というペンネームが価値を持つのは、この名前で書いた小説が売れたから。太宰治の名前で出版すれば、誰もが注目してくれる。一旦売れれば、太宰治の名前は商標として価値があるということだよね。メグミと教授のやりとりは続いた。

「ブランドを逆手に取ったイノベーションもありますよ」

「イノベーションですか?」

「ええ、以前、テレビで観て、起業家のたくましさを感じました。問題発見なんです」

「どんな問題なんですか?」

「衣料品などのファッション関係のブランドは、季節ごとに、どうしても売れ残りが出ます。この売れ残りを安値で販売すると、ブランド価値が低下してしまいます。かつて、ある有名なブランドが売れ残った衣料品を焼却して問題となりました。限られた地球の資源を無駄にしたという批判です。安値で売れないということは、焼却したいほどの問題なんです。これは農業でも同じですよ。豊作貧乏と言いますが、野菜類などは、あまりに豊作で価格が下がると、流通コストをかけずに捨てた方が得になる」

「そうすると、流通の仕組みを変化させたのですか?」

「商品ブランドのタグを取って、再販売する事業を作ったのです。どのブランド商品にも売れ残りという問題があり、各社が悩んでいる。この問題を発見し、その解決策として、タグを取って、別会社のタグに張り替えるという事業です。売れ残りのブランド商品を無名ブランド商品にして安値で販売する。Ｗｉｎ－Ｗｉｎの関係です」
「面白いですね。ブランド価値をなくすことで価値を生み出す商法なんですね」
「イノベーションですよね。この会社が、どの程度まで成長するのかわかりませんが、事業内容としては、ただ、タグを付け替え、そのタグを管理するだけで、高い利益率を実現しています。

私たちの活動は、有形・無形の資本に振り回されることになります。もちろん、資本自体が環境に応じてその価値を乱降下させるのです。市場経済とは、こうした資本主義社会の構造と一体になっているということです。封建社会の方が平穏で良かったかもしれませんね。職業選択の自由が、技術進化を加速しているのかもしれません。

個々人の職業選択の自由は、企業としては事業領域の選択でもあります。適切な事業を選択するのは、個人と同じく、自分自身の分析と自分を取り巻く環境の分析をしなければなりません。それは経営戦略論の関心領域になります」

メグミは考えていた。人間の平均寿命を考えても、封建社会よりいまの世の中の方が良い。医療の発展も技術の進歩に関係していると思う。だけど、格差はあるし、ストレスもある。会社が変わると、私も変わらねばならない。社内異動もあるだろう。うちの出版社が、太宰治研究に特化するようなことはないと思うけど、学問の領域が変化すれば、出版事業も変わるのだろう。社長は、ちゃんと考えているのだろうか?

■株主重視経営の意味

「ここで問題を整理しましょう。スミスは、個々人が自らの私有財産を高めるために、利己心に基づいて取引すると、社会全体の富が高まるという理論モデルを構築した。その機能は、市場という仕組みによって実現する。

思い出してください。株式投資は、企業の内外環境を考慮し、利害関係者の調整を円滑に行う経営者を見つけなければならない。株価最大化とは、経営者が株主の利益を追求するというだけでなく、将来にわたる利害関係者との良好な関係を構築することでもあります。

株主重視経営と言うと、お金持ちの株式投資家を連想してしまうでしょう。でも、そういう短絡的な問題ではありません。株主が出資をして初めて事業が始まります。会社が生まれるのです。株主の富は、私有財産です。資本主義経済が発展するには、この私有財産である株主の富が高まる必要があります。

実は、この株主の富の概念は、利潤についてお話しした時の正味現在価値の概念と関係します」

「ここで説明していただけるんですか？」辺見さんがちょっと大きな声を出した。

「ちょっとだけです。正味現在価値は、Net Present Value の頭文字をとってNPVと略されています。NPVは、将来キャッシュフローを資本コストで割り引いた現在価値と投資額の差額です。これがプラスであれば、その金額だけ株主の富が増加し、利潤を享受することになります」

教授は、ホワイトボードに数式を書きながら説明した。しかし、シグマの記号が出てきた瞬間に、多くの院生の表情が固まった。メグミも、ちょっとお手上げだった。

教授はしばらく説明したが「NPVの説明には、資本コストの理解が必要です。これは時間をかけないと、かえって危ないかもしれません」

「〝危ない〟って、どういう意味ですか？」辺見さんがだいぶ大きな声を出した。

「概念をしっかりと理解しないと、計算式だけで経営判断できるという誤った考えに陥る危険があります。ミンツバーグというカナダの経営学者が、〝MBAが会社を滅ぼす〟と言った趣旨は、本質を理解せずに、モデルを振り回すMBAにも当てはまるでしょう。資本コストの測定は、企業の資本資産の評価モデルです。株価モデルと考えて構いません。正味現在価値法は、測定した資本コストに基づく投資の経済計算です。しかし、新商品の価格が予測できないのと同じく、株価は予想できません。つまり、新たな事業を評価するための資本コストは測定できないのです。これを、あたかも測定できるかのように仮定して議論するわけです。具体的に説明しましょう。

ラーメン屋を開業するのは、利益を予想しているからです。資本を回収できなければラーメン屋の事業は維持できません。今日1日の売上予想、週単位、月単位、年単位の売上を予想しながら、店舗や厨房などの設備投資を検討するはずです。ラーメン屋の起業に際して、こうしたことを意識しているか否かは別ですが、将来の顧客を考えないで開業するのは無謀です。行列のできるラーメン屋になれば、あなたが将来食べることになるかもしれません。そうなれば、将来の多くの行列客のためにラーメン屋を開店したことになります。こうしたラーメン屋の企業価値を測定できそうですか？

医薬品の開発を考えてみましょう。石川さんはお医者さんだから、だいたい、わかりますよね。開発期間は、どのくらいだと思いますか？」

「医薬品の開発期間ですか。新薬などは基礎研究から始まって、臨床試験や承認申請などで、最短で9年ですね。ちょっと長いと17年ぐらいですが、これは成功した場合ですから、それ以外に途中で諦めてしまう薬品がものすごく多いようです」

「なるほど。そうなると医薬品を開発する会社の経営者は、事前にかなり巨額な資本を集めておかないと、研究開発に携わる人の給料を払えませんね」

「最近の医薬品は、巨額の投資を必要としますから」
「長期ビジョンを有する経営者は、開発する医薬品に関して、株主に投資をしてもらわねばなりません。失敗することも考慮に入れて、株主の投資資金を回収する必要があります。株主への説明は、なかなか大変でしょう。医薬品の開発が不確実である以上、将来の株価予想は困難です。ただし、富岳のようなスーパーコンピューターの開発は、医薬品の投資期間を短縮すると思います。

自動車についてもどうでしょう。ガソリン・エンジンやディーゼル・エンジン、バッテリーで動く電気自動車、そして水素で動く燃料電池車があります。トヨタの燃料電池車などは計画段階から最終的な段階まで、非常に長い計画期間を考えているでしょう。単に試作車が完成した段階ではなく、水素ステーションが普及しなければなりません。しかも、燃料電池車が、電気自動車やガソリン・エンジンに代替するか否かは不確実です。20年か30年の期間でビジョンを考えている経営者は、株主と対話をしなければなりません。

もし燃料電池車が普及すれば、ガソリンスタンドはなくなり、電気自動車の充電設備も無くなるでしょう。しかし、消費者は、普及した燃料電池車に当たり前のように乗るだけです。

将来の消費者は、現在の経営者の苦労を知りません。株主がリスクを負担した投資行為を意識せずに、ただ自分の選択基準で燃料電池車を購入するだけです。経営者は、将来の消費者の

株主の役割

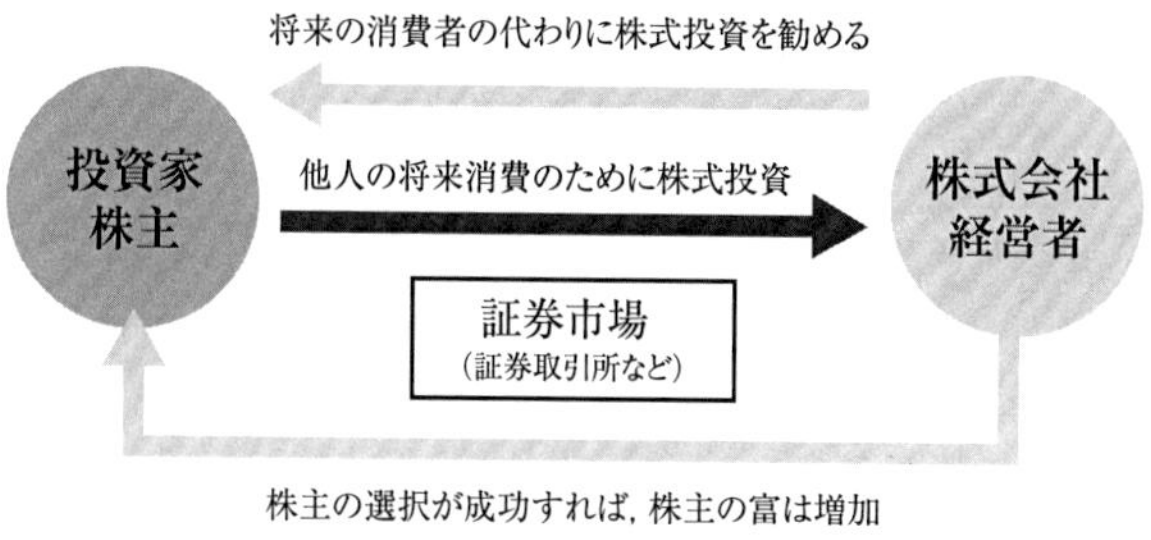

代わりに、株主に対して株式投資を勧めることになるのです。株主は、将来の消費を消費者に代わって検討する。株式投資は、自らの将来消費のためではなく、他人の将来消費のために行われる。しかも、現在の消費者も、経営者も、株主も、すべてが利己心に基づく機会選択によって成り立つ社会なのです。ちょっと面白いですよね。そして、株主の選択結果が成功であれば、株主の富は増加し、株主は利潤を享受できます。しかし、プラスの正味現在価値は約束されたものではありません。実際には、環境変化に応じたさまざまな利害関係者の調整を分析しなければなりません。一種の賭けですが、株主が利潤を享受できれば社会の発展につながります」

■市場がやはり不完全？

「しかし、市場の取引には、一定の良心というか、常識というか、守らねばならないルールがあります。このルールは、法律による明文化したルールのみならず、社会的な価値観を反映した暗黙のルールもあるんです。

　こうしたルールに則って市場取引を行うことで社会は豊かになるというわけです。市場に委ねるという思想は自由放任主義ですね」

「先生、最低限のルールさえ守れば、市場は万能であるというような考え方につながりますよね。市場はそんなにうまく機能するのですか？『理念型』ということは理解しているつもりですが、介護の現場では、市場が機能していないような感じがしています」

貝塚さんの発言は経験から感じ取った質問なのだろう。メグミも、実験室であると認識しつつも、現実離れしているようにも感じた。

「そうなんですね。個々人の利己心だけでは社会が良くなるとは限らなかったんです。それは、スミスが想定した市場がうまく機能しないからです」

「市場が機能しない？」

「はい。マクロ経済学も、市場がうまく機能しないために、財政政策や金融政策といった人為的な介入が必要になるわけです。そして、基本的な問題として、私有財産が確立できない財・サービスや社会に悪い影響を及ぼすモノが存在しているのです。それらは、市場の売買によって解決できないため、『市場の失敗』と呼ばれます。

自立した個人の取引に、防衛や警察、消防活動、道路などを委ねることは難しいでしょう。犯罪が減ることは社会的に望ましいのですが、私的に警察の会社を運営するとなると、犯罪は多い方が儲かる。防衛産業は、戦争によって利益を得る。これらは、社会的には好ましくないでしょう。

また、企業の生産過程では自然資源を破壊するような問題が発生します。工場は生産活動中に河川などの水質汚濁や大気汚染の原因となる物質を排出することがあります。生産活動により、社会が犠牲を強いられることになります。社会的費用の発生ですね。本来は、生産者が負担すべき費用を社会に負担させた方が儲かるわけですね。

日本の高度経済成長期には、工場の排煙などで喘息患者が増えたりして、『公害』という言葉が世界の標準語になってしまいました。私的利益の追求が、社会的な費用を発生させている。私有財産を増やす行為が、社会の財産を減らしている。これはスミスのモデルでは想定していなかったかもしれません」

「先生、これって〝CSR〟なんですか？」貝塚さんが続けた。

「そうです。Corporate Social Responsibility、企業の社会的責任ですね。自己の利益を追求するのであれば、自立した企業は、生産者として社会に迷惑をかけてはいけません。企業の責任を自らが全うしなさいということです。法規制による責任や倫理観などに訴える責任など、さまざまな次元の責任論が登場しますが、この分野は主として経営学の土壌ですね」

市場が機能しない部分の穴埋めとしては、経営学がCSR論を展開する。経済学が市場の理論である以上、市場が機能しない部分は、経済学の主戦場ではない。

「ちなみに、CSRは企業の責任ですが、家計や消費者の責任も無視してはいけません。購入した商品はごみを生みます。ごみを放置したら、社会はゴミだらけになりますね。個々の家で処分したり焼却するのも問題になります。私企業に委ねて、ごみを処分する仕組みは、なかなか難しいでしょう。消費者は利己的な行動をとって、コストがかからないなら、ごみをどこかに捨ててしまうかもしれない。自立した個人が社会的利益に合致する行動をとらないのであれば、税などによって、国や地方の行政が対応しなければならなくなります」

「なるほど。自立した個人による自己責任。株主も、その責任を感じながら投資をする。経営者も消費者も、自己責任ですか。難しいですね」

「もちろん、CSRを真摯に受け止めることで、私有財産と社会の財産の齟齬が埋まります。この齟齬が埋まらなければ、株主重視経営は実現できません。株主の富が短期的に増加することがあっても、それは一時的なものとなるでしょう。ESG（環境・社会・ガバナンス）投資なども活発になっていますが、社会に損失を与える企業という烙印を押されれば、資源を確保できなくなるでしょう。経営者は、株主と社会の富のギャップを埋めることなのです。

２０１９年８月に、アメリカの主要な経営者団体であるビジネス・ラウンドテーブルが、『株主第一主義』を見直すと発表して、第一に顧客、第二に従業員、第三が取引先、第四が地域社会。そして最後の第五に株主という優先順位を発表しました。

これはアメリカ型の資本主義経済の転換点という主張もありましたが、株主に帰属する所得は、いずれもすべての利害関係者への支払いを済ませた残りの所得です。販売した顧客からお金を受け取り、取引先への代金支払い、従業員への給料や税金を支払った最後の純利益が、株主の受け取ることのできる配当の原資になります。ですから、こうした視点であれば、今さら問題にする必要もなく、株主は最後の順位です。だからこそ、リスクを負担しているのです」

労働者と資本家や、利害関係者と資本家の対立関係については、複雑な問題が多いようだ。しかし、いずれも、時間軸で考えると、その対立を解消させねばならないように思う。そこに、経営者の能力が問われるのかな。

でも、労働者は大変だよね。自分の労働力の質を高めると言っても、技術進歩に適応しなければならないから。しかし、次の教授の説明はもっと衝撃だった。

「経済がグローバル化すると、労働者の質はグローバル基準で評価されます。国境を越えて、高い質の労働力、安いコストの労働力を求めて、企業は多国籍化しているのです。労働組合が頑張っても、日本から企業がなくなってしまえば元も子もありません。企業が多国籍化しなくても、地球の裏側にある労働者に仕事を託すことができます。皆さんの労働力は、世界と比較されているのです」

ＡＩと競争し、世界の労働者とも競争する。賃金が上がるわけがない。職が確保される保証などない。こうした不安にメグミは困惑していた。

メグミのメモ（まとめ）

①無形資本

- 著作権，特許権，商標権のように利子を稼ぐ無形の資本のこと
- 市場価格は商品の質を評価できないため，消費者はブランドに惑わされる

②正味現在価値

- 将来キャッシュフローを資本コストで割り引いた現在価値と投資額の差額
- 株式投資が成功（正味現在価値がプラス）であれば，株主の富が増加し，社会の発展につながる

③CSR（Corporate Social Responsibility：企業の社会的責任）

- 市場で解決できない問題（＝市場の失敗）を補うのが，経営学が展開するCSR論
- 企業だけでなく，家計や消費者の責任も無視してはいけない

第9章　経済、経営、そして商学

■組織内分業の意味

「資本の質と量の変化は、実は企業形態にも影響を及ぼしました。株式会社がなぜ登場したのかを考える必要があります。

大規模な資本設備が必要になると、それまではバラバラに生産していた小規模な生産手段を1ヵ所に集中させることになります。資本結合などと呼ばれます。生産する道具が1ヵ所に集まれば、当然、労働者も1ヵ所に集められます。

イメージとしては、これまで個人企業であった資本家が合併して大きくなると考えてください。しかし、資本家がたくさん集まって経営するのは合理的ではありませんね。民主主義でも、そうですよね。直接民主主義は、意見を集約することが難しい。間接民主主義のように、資本家の中から代表者を選出して意思決定させる。しかし、資本家に経営センスがあるとは限らない。そこで、多くの資本家が、専門経営者に資本運用を託すことになります。所有と経営の分離ですね。アダム・スミスが観察したように、大きな機械設備にたくさんの労働者が寄せ集められる。企業間の取引は、組織と組織の交換になります。市場の取引コストが高いので組織内取引に置き換えられるわけですね。上野さん、営業活動では、自社の製品やサービスの悪いところを説明しませんよね。基本的には良いところの説明ですね」

「はい。ただ、上得意さんには、これからも継続して取引してもらうために、製品の問題点も説明して理解してもらいます」

「なるほど。継続して取引することは大事ですね。顧客からの問題点も指摘され、新製品の改良や改善に役立つと思います」

「はい、そうです。そういう指摘は、感謝しなければなりません。黙って他社に乗り換えられるよりは、次の取引の際に改善点をアピールできます。そのために、営業組織内でも情報を共有し、製造現場には必ずフィードバックします」

「継続的に繰り返し取引をしてもらうことで、相互に成長発展するような情報交換が行われることになりますね。しかも、組織内に情報が蓄積して、問題に対応することになる。それは双方にとって価値のあることです。したがって、こうした情報の蓄積は、市場の取引コストを低下させ、取引を円滑にする無形資本でもあります。消費者と企業の関係のみならず、企業と企業の組織間の信頼関係や信用問題になります。企業間信用のような金融取引が形成されていきます」

「企業間信用って?」

「受取手形や支払手形、あるいは売掛金や買掛金などです。それは組織間の信頼関係に基づいていますね。まったく信頼関係がなければ、個人でもお金の貸し借りはありませんよね。こうした組織間の信用は、経営学の研究対象になるんですよ」

「なるほど」

「企業と企業の組織間取引の背後には、それぞれの企業の組織内取引があります。信頼関係がなく信用できない企業とは取引できません。そうなると、自社で解決しなければならなくなる。企業間の情報がどのように伝達されるのかを考えてください。市場価格だけで十分ですか? 営業と製造が別会社であれば、顧客の意見は製造に従事する人に届かないかもしれません。上野さんの会社に人事部や人事課はありますよね」

「もちろん、あります」

「人事部がなくなり、すべて派遣会社に委ねるとなると、どうなりますか?」

「それはありえません。派遣会社から派遣される方は、どんなに優秀な方でも、製品開発などのコアな部分には携われません。営業成績などで人事考課をしようとしても、給料は派遣会社が決めると思いますから、そういう人のモチベーションをどのように高めるのか、業務上のノウハウを習得してもらおうと思っても、数年で別会社に移ることを考えると、積極的に指導することができません。微妙な問題があります」

「そうでしょうね。理念的モデルでは、財務機能や人事機能、調達機能、生産機能、販売機能など、ありとあらゆる機能を分離して、他社に委ねるという選択肢はありますが、現実的には、企業の組織内にはいくつかの重要な機能が残ります。これを束ねるのが経営者です。もちろん、組織の外に優れた企業があれば、外注化した方が効率的です。これを組織内に留める必要はありません」

■経営者の機会選択が組織の大きさを決める

「もう少し具体的にお願いできますか？」

「上野さんの会社は、中小企業でも大きな方ですが、少し小さな製造業になると、営業部がないかもしれません。数十人の製造現場で働く人がいても、営業までは手が回らない。親会社からの注文を待つだけです。経理の仕事も、納税などはすべて会計事務所に託している。会社によっては、自社で広告や宣伝をする会社がありますが、多くは広告代理店などに依存していますね」

「うちの会社も、広告は代理店任せです」

「一般的にそうでしょうね。なぜ、代理店に任せているのですか?」

「自社では広告のデザインに自信がないし、専門のデザイナーを雇う余裕もありません。広告デザインが固まっても、広告媒体を探したりするのは難しいでしょう」

「そうですよね。つまりは、コストに合わない。大会社でも、大手の広告代理店に依頼するくらいですから、日常的な業務でない仕事のために、会社の本業が疎かになったら大変です。広告の仕事が、年間に5回としましょう。デザイナーを1人雇うと、福利厚生費などを含めて年間で500万円が必要になるとしましょう。また1回の広告費は、制作費だけで100万円かかります。年間5回であれば、製作費は500万円かかり、デザイナーの人件費と合わせて年間で1,000万円になります。代理店が1,000万円で引き受けてくれる時、上野さん、あなたは自社の広告を選択しますか?」

「そうですね。同じ金額であれば、自社でやってもよいかな」

「上野さんが経営者でも同じ判断ですか?」

「経営者ですか?」

「経営者の判断は、おそらくノーでしょう。いくつかの理由があります。1人のデザイナーを雇用するとき、その人の能力評価ができますか?

なぜ、このデザイナーは、広告デザインの専門会社ではなく、上野さんの会社に就職しようとしたのだろうか。広告代理店に頼むと、優秀な専門家の集まりの中から、コストに応じた専門デザイナーに注文するでしょう。デザイナーの競争市場における価格競争があるはずです。デザイン会社の社内でもデザイナー同士が競争している。つまり、デザイナーの価格評価は、あなたが雇用しようとする人材の評価より適切です。

そのうえ、一旦、このデザイナーを雇用すれば、会社にとっての固定費になります。広告費を削ろうとしても、解雇はできないでしょう。経営者は、こうした選択問題に直面しているのです」

無駄に大きくなった会社が倒産した例は多い。会社が組織として大きくなるには、適切な機会選択が必要だ。メグミは自分の会社を思い浮かべた。

■組織化は投資活動

「スミスのピン工場の事例は、1つの工場の中での分業です。先ほど述べたような十数人の小規模な会社です。この工場の従業員がそれぞれ独立して、十数社の工場になったらどうでしょう。針金を調達する会社、針金を伸ばす会社、真っ直ぐにする会社、針金を切る会社、針金の先端を尖らせる会社という具合です。各自は利己心に基づいて、売手と買手にわかれ、仕事の質や時間を観察し、これを評価して売買の交渉と契約を行うのです。

こうした市場の売買にかかわる取引コストはバカになりません。明らかに1つのピン工場の方が生産性は高くなります。売買の交渉をしているうちに、数万本のピンを生産してしまうでしょう」

取引コストの説明は何回か聞いたように思うけど、事例が異なると理解度も異なる。メグミは、反芻しながら取引コストの理解を深めていった。

「自動車の分業は、最終的な組み立てや研究開発などは親会社となる自動車会社の中で行われます。組み立ての工程でも、多くの従業員が作業に従事し、分業をしています。しかし、自動車用の窓ガラスや照明部品、ウインカーやエアコンなどの電装品、それにタイヤなどは自動車会社以外の会社で生産しています」

「先生、窓ガラスや電装品を自社で生産しないのはなぜですか?」

「天海さん、和菓子の材料はいろいろあると思いますが、砂糖はどうされていますか?」

「いろいろと味見をして、うちの和菓子に最も適した砂糖を購入しています」

「そうでしたね。では、なぜ砂糖を自家製にしないのですか?」

「あ〜、なるほどそういうことですね」

「自動車用の窓ガラスや電装品は、それが専門業者に委ねた方が安いからです。ガラスメーカーは、さまざまな自動車会社に販売することで、大量生産によるコスト削減を実現しています。世界トップの自動車用ガラスメーカーは、日本のＡＧＣ株式会社です。日本の自動車メーカーのみならず世界中の自動車会社に販売しており、そのシェアは30％以上です。規模を追求することでガラスの価格が下がるのであれば、各自動車会社が自前で生産するのは不合理ですよね。まして、和菓子の生産と販売のために、砂糖を自前で生産したら、おそらく、あっという間に倒産してしまうでしょう。

自社でやるべきことを決めるのは、投資額の決定でもあります。さまざまな事業を自社で行えば多くの従業員を抱え、設備をそろえなければなりません。投資に見合う収入が得られるか否かは、外注するか内製化するかの投資判断なのです。

組織内取引は、特定の分野に優れた能力のある人を発見して、組織内取引の成果を高めることです。組織外に高い能力があるとわかれば、組織内の生産活動は止めるべきです。組織の内と外の機会選択が経営者の仕事であり、それは投資決定でもあります。

誰が優れた能力を有しているのか、どの分野に優れているのかを見出すのは難しいですね。従業員自身が自分の能力を知らないので、これを発見させるためには、違う業務に異動させるなどして、人材を育成することも必要になります。

市場で見つけられない人材は、組織内で発見することになります。組織の人材育成が市場の人材育成より優れていれば、企業は組織を大きくすることになるのです。これは経営学の研究領域となります。投資決定は、人事と密接不可分にあるということです」

新書の企画は、私を試しているのだろうか？　私を成長させようとしているのだろうか？

メグミは、今回の仕事を改めて考えていた。

■経済学と経営学

「そろそろ今日の授業をまとめましょうか」

メグミは時計を見た。21時45分か。あと10分になったけど、お腹がすくことも、眠くなることもなかった。これは想定外だったな。

「初回の授業はどうでした。仙石さん？」

「経済学や経営学が、意外に歴史的な学問だという印象を持ちました」

「石川さんは、いかがですか？」

「はい、経済学に対して数学的なイメージが強かったので」

「そうですね。人間や社会の動きを抽象化して、物理学のような法則化を目指しても、現実の仕組みは、歴史的な捉え方をしなければなりません。お話ししたように、封建社会を説明するときに、市場の価格理論は意味がありません。一定の期間にわたり、資本主義経済という社会制度が確立したことで、市場理論が意味を持つわけです。

市場理論では、企業と家計という機能分化に基づき、資源配分を市場の価格メカニズムに委ねることになっています。しかし、アダム・スミスが見た社会でも、すでに企業は組織化していました。企業内分業が成立した社会ですから。

辺見さん、そうなると？」

「あっ、株式会社ですね。株式会社が大規模組織を形成する時代には、経済学の想定するような市場では説明できないということですか」

「そうです。少なくとも、『理念型市場』である完全競争市場は、現実とかなりかけ離れたものとなりますね。資本調達と資本の運営管理を行う財務・経理機能、労働市場からの雇用と内部における人的資源を配分する人事・労務機能、そして購買から生産、販売までの機能を組織的に行うことになります。

部分的に外注にするとしても、組織内取引を市場の取引よりも効率的にすることが求められます。経営者は、いつでも、市場取引と組織内取引を比較し、自社のやるべき仕事を選択しなければならないのです。企業組織内の情報や知識は、市場とは隔離され、これが企業に価値をもたらす源泉となるわけです。

市場では解決できない問題を発見する。市場より組織の方が効率的に解決できる問題を探す。新規の起業活動や既存企業の効率性の追求は、経営学の役割となります。

組織になると、人格の異なる利害関係が生まれます。資本家と経営者と労働者が別々の人格になると、それぞれに目的も異なります。経営者は、多くの組織構成員の異なる目的を束ねなければなりません。市場の理論では無視してきた諸問題が、実際の企業の活動では重要な問題になるわけです。

実際の企業活動は、環境が変化するたびに対応しなければなりません。個別具体的にさまざまな問題が発生し、一般化できない問題も多いでしょう。こうした問題に答えようとすると、多くの仮説を構築することになるのです。こうした問題を標準化するには、まだかなりの時間が必要かもしれません」

「時間がかかれば標準化するのでしょうか?」

「すでに一部の分野では標準化が進んでいます。経済学に近いファイナンス系の科目は、多くの大学で共通のテキストを採用できます。しかし、標準化は思考停止でもあります。経済学でも、次々に新しい理論が登場しているのですが、歴史があるだけに、コアとなる理論を変えるような新理論の登場は多くありません。経営学は、依然として、何が経営学なのかというレベルです。コアの理論があるとは思えませんから、経営学者の数だけ理論があると言っても過言ではないでしょう。しかし、新理論が誕生しなければ、学問の発展はなくなります」

■経済学と商学

「先生、金田と申します。私は早慶大学の商学部出身なのですが、経済学や経営学に関する科目を履修したように記憶しています。20年ほど前なので、ほとんど覚えていないのですが、商学って何ですか」

「これも難しい問題ですね。大学を受験するときに、経済学部と経営学部、そして商学部は似たような勉強をすると思いますよね。商学部の教員でも、会計学や経営学、経済学などの科目が並んでいて、これをまとめて明確に説明してくれないかもしれません。

もう一度、経済学の市場理論を思い出しましょう。生産者としての企業と消費者としての家計が主要な経済主体ですが、モノを生産すると、自動的に売買が行われて、消費できるわけではありませんよね。市場の取引を考えましょう。取引コストがあるわけですね。コストがあるということは、そこに行為の機会選択があるということです」

「ちょっと、理解できません」金田さんが首をかしげながら質問する。

「メーカーは、モノづくりに特化するために、販売活動には資源を使いたくない。使うべきではないという機会を選択する。一方で、モノ作りには特化しないが、メーカーからモノを買って、これを消費者に販売するという小売事業を行うという選択もあるのです。しかし、標準的な経済学では、生産したモノは摩擦なしに自動的に販売されることになります」

「なるほど。商学は生産した商品を販売するための学問なんですね。卸や小売業、流通業一般ですね。そうなると、私は、銀行に勤めているのですが、商学は関係ないのですか？」

「いえ、大いに関係しますよ。生産したモノを消費者に届けるまでの流通や販売の過程では、運送業や倉庫業が関係します。広告・宣伝などの仕事がなければ、商品情報は顧客に伝わりませんから、こうした業務が必要です。

商業活動を円滑にするには、取引を記録する簿記や利益を計算して利害関係者に報告する会計学が必要になります。経済学では、利潤追求という言葉を使っても、実際に計算する方法としては、会計学が必要になります。簿記や会計学がなければ、私有財産が交換されても、損得がわかりません。損得がわからなければ、市場の売買は成立しません。

市場における資源配分は価格ですが、簿記や会計活動を前提としています。そして、銀行や証券会社の業務は、企業活動を維持・発展させるために、資金を供給しなければなりません。その原資は、家計の貯蓄です。この貯蓄を企業に流すのは、金融資本市場ですが、これも家計と企業の直接的交換ではありません。摩擦なしに資金が移転するわけではないのです。専門の金融業者が必要です。これも商業活動となります。銀行や証券会社の仕事ですね」

「銀行員としては、商学部が最適だと自信がみなぎっています。私の入学の選択は正しかった。でも、ちゃんと勉強していなかった」

金田さんの笑いは、院生全員の笑いを誘った。

■取引コストと商学

「もう少し説明を加えましょう。会計帳簿上の『販売費および一般管理費』というのは、販売のためのさまざまなコストが記載されます。商業活動の中心的なコストです。いかに優れた製品を生産しても、その原価以外に販売費をかけねば売上を実現することはできません。製品が在庫として、倉庫に積みあがるだけです。

加えて、他の企業と競争するための戦略的会議の費用や、経営理念やビジョンを従業員に共有させ、モチベーションや組織へのコミットメントを高めるための施策など、経営管理費用のすべてが含まれています。魅力的な企業イメージを形成すれば、顧客のみならず、従業員を雇用するコストも下がるでしょう。選ばれる会社になることは、さまざまな取引コストを下げることになります。顧客、株主、債権者、経営者、労働者、その他の利害関係者との調整は、『販売費および一般管理費』に反映されるのですが、その活動は経営学の対象です」

メグミは、授業の終わりごろになって、簿記や会計の話が出てきて戸惑った。やはり、会計学もわからないと経営学は理解できないのかな。単語が理解できないと、話の内容全体が理解できないということ？　メグミは、授業の終了を待つだけとなった。

「取引コストは、市場と組織の比較優位を論じるだけではないのです。取引コストの概念からわかるように、商品の仕入れや原材料や部品の調達、そして生産した財・サービスの販売は商業活動であり、取引のための広告・宣伝、契約書の作成や納品、請求、決済などの業務が必要になります。人材派遣や金融機関のサービスも市場を介した商業活動です」

取引コストの話は理解できる。よく考えると、市場の〝神の見えざる手〟が自動的に機能しないから、商業活動が会社組織として成立するのだと思った。メグミは、この2日間でかなりの脳疲労を感じながらも、経営学を理解しつつあった。

■会計学はただの数字の記録ですか？

「先生、簿記や会計を知らないと、経営はできないと思うんですが、会計学って記録の仕方を学ぶことなんですか？　取引を記帳する方法を暗記すればよいのでしょうか？」メグミは、院生でもないのに教授にまた質問してしまった。

「簿記学校で簿記を学ぶ場合は、その程度で良いでしょうね。でも、会計学がないと、先ほどお話ししたように、私有財産の増減を認識できません。経済学上の費用や収益は測定できません。会計学の期間損益計算では、収益と費用を区別して利益を定義しています。資産を流動資産と固定資産に分類し、負債や純資産も細分化され、利益概念と整合性をとっています。さまざまな取引を定義して、分類するのですが、それぞれの定義の間に矛盾があれば会計情報の価値は意味を持ちません。

売上高とか売上原価、給与や水道光熱費、その他の勘定科目は、おしゃれ靴が何足、運動靴が何足売れたとか、技術者を何人、経理の専門家を何人雇用している、電気を何時間使用した、というような具体的なデータを貨幣数値に換算して、共通化します。靴屋も自動車会社も、共通言語で話せるわけです。

こうした共通言語により、市場と組織内の資源配分が可能になります。会計学の研究は、資源配分をするために、会計情報を体系化した知識に積み上げます。利益の計算に矛盾のないように定義を積み上げているのです」

「組織内の資源配分というのは？」

「大きな会社になると、さまざまな事業をしていますよね。事業ごとに成長すべき事業と衰退していく事業があるんです。地域によっても、異なります。成長する地域と衰退する地域があります。どこに資源を割り振るかを経営者は考えねばなりません。大きな会社は、世界中で事業を展開しているんです。これを見て回るわけにはいかないでしょう。ですから、財務諸表の数字を頼りにするんです」

「そうすると、会社不正などがあると、会社は誤った資源配分をすることもあるわけですね」

「そうです。しかも、粉飾決算などがあれば、市場の資源配分も間違うことになります。株主に嘘をつくということです」

「〝神の見えざる手〟も、限界があるんですね」

「その通りです。市場は万能ではないんです。ですから、財務諸表を作成し、これを投資家に報告しなければなりません。人間、つまり経営者の〝見える手〟が必要になります。経営学も会計学も、市場が不完全だから必要になるんです。

会計数値は一義的で客観的数値のように示されますが、その値は、経済事象を抽象化した値であって、会計学によって定義され、その定義に基づいて認識された評価値なのです。

会計学は、貸借対照表や損益計算書の基本的なフレームワークで多くの経済事象を認識し続けています。会計学の費用と収益は、経済利潤を操作性のある概念とするために、期間損益計算というフレームワークを提供しているのです。

会計学も、経済学と同様に、ある種の学派を形成し、それぞれに体系化された一定の知識群が存在しています。当然、経済事象にもかかわらず、会計学的に操作される利益は異なる数値として表現されることになります」

「財務諸表の数字が異なってくるということですか？」

「そうです」

ようやく授業が終了した。ふー、やっと終わった。けど、最後の質問はしない方がよかったかな。最後がよくわからないと、すべてがわからなかったように感じる。メグミは、12時頃に食べたハンバーガーだけで今まで何も口にしていない。おなかもへったけど、帰ってから食べると太るな。しかも、知識の消化不足で、ストレスが溜まってドカ食いしそう。今日はもう食べるのは我慢しようっと。

院生たちは、これから飲みに行くと言っている。すごい。会社で仕事をして、大学院に通い、夜のこの時間から飲みに行くのか。みんな明日は何時から仕事なんだろう。メグミも誘われたが、飲みに行く体力は残っていなかったので、断った。教室から出ようとしたとき、

「南山さん、明日は午前中に来てください。9時から12時まで空いています」

えー、明日もあるのー、それにしても、教授は、朝から夜まで仕事をしているのか。いや、大学の仕事だけじゃなく、創成社の仕事でタダ働きしているんだ。なんだか申し訳ないなー。

メグミのメモ（まとめ）

①組織内分業

- 外注するか内製化するか，経営者の機会選択が組織の大きさを決める
- 組織内取引の成果を高めるためには，特定の分野に優れた能力のある従業員を発見し，育成する必要がある

②取引コスト

- 会計帳簿上の「販売費および一般管理費」で表される商業活動の中心的なコスト
- 顧客，株主，債権者，経営者，労働者，その他の利害関係者に選ばれる会社になると，さまざまな取引コストが低下する

③会計情報

- 会計情報は客観的数値ではなく，経済事象を抽象化し，会計学の定義に基づいて認識された評価値
- 粉飾決算などが行われると，市場と組織内の資源配分を誤ることになる

第10章　学ぶと経営者になれる？

■機会選択の方法を学ぶ

「先生、昨日は、いろいろありがとうございました。院生の皆さんは、元気ですね。仕事の後に、3時間半も勉強して、あのあと飲みに行きました」

「そうそう。でも、楽しんでいるんですよ。勉強が楽しいと思ったのは、大学院に入ってからでしょう」

「それで、大学院の方々にとって、経営学の勉強は役に立っているのでしょうか。経営学は、実務にどのように役立つのですか。経営学を学んだ人は、経営者になれるんでしょうか？」

「当然の質問ですね。経営学の新書を出版する以上、経営学を学ぶ人の目的を考えておかねばなりませんね。

南山さんは、文学部で哲学や日本文学を学んだんですよね。そして、太宰の研究をしたけど、国語の先生や文学の研究者、あるいは作家にはならなかったんですよね。出版社に入社するとしても、文学作品を出版する会社に入らなかったのは、なぜですか？」

「純文学の出版社で仕事をしたかったのですが、求人がなかったので」

「太宰を研究したことに価値はありましたか？」

「そう言われると、なんだかつらいですね」

「学ぶことの意義を考えるのは大切です。学問とは何か、という問いですね。それは、同時に、知識とは何か、大学とは何かという問いかけでもあります。それこそ、南山さんが学部で勉強した哲学にも関係するでしょう。

経営学や経済学、社会学や法学などもそうですが、皆さん、何となく実社会で役に立つと思いますよね。〝つぶしがきく〟という言葉を聞いたことがあるでしょう。学んだことが、社会で通用するように思える。しかし、どのように役立つのかは、漠然としているでしょう。法学部に入学した学生が、皆さん法曹関係の仕事に就くわけではありません。しかし、法治国家である以上、生活に法律の知識は必須ですね」

「そうですね。そういう意味だと、経営学や経済学も、同じように社会生活に必須だと思います。必ずしも、社長になる必要はなさそうだし」

一大学院の入学者には、会社の経営には無縁の医師や看護師、理学療法士などの医療に関係する人もいます」

「お医者さんはいましたね。看護師さんもいるんですか。そういえば介護の仕事をしている人もいましたね」

「MBAコースには、経営学を学ぼうといろいろな人が入学してきます。よその大学職員や鍼灸師、ITエンジニアや衣服デザイナー、弁護士や公認会計士など、あらゆる職種の方が対象になります」

「確かに、私も勉強になりました。そして、自分の仕事の役割や仕事の社会的な意味などを考えるようになりました。

〝経営学を学んだ人と学ばない人の差は何か?〟これは経営学の新書のテーマになりますね。経営に関する言葉を持たないと、少なくとも経営に関して、自分が何を考えているのか、何を言いたいのかがわからないですよね」

「そうですね。しかし、これまた難しい企画でしょうね。何しろマネジメント・ジャングルですから。経営学と言ってもいろいろありすぎますからね。

私が考える経営学は、機会選択の方法を学ぶことかと考えています。人間の行動に目的があるなら、これを効率的に達成する手段を考えねばなりません。1人の場合でも、目的の達成には機会選択が必要になります。主流派の経済学は、最適な選択をする合理的経済人を仮定するため、機会選択の方法は説明してくれません。だけど、経営学は、機会選択の方法が対象になります」

「機会選択の方法ですか?」

「人間は、消費するために生産活動を必要とする。生産活動は多様ですよね。家事労働も、介護や保育、医療サービスもすべての仕事を含みます。あらゆる生産活動には経営が必要になります。自給自足経済を思い浮かべればわかりますね。目的を選択して、これを実現するための最良の方法を無意識ながら選択しているはずです。それは個々人が豊かさを追求する行為ですね。

でも、無意識な選択というのは直感ですね。直感は動物的な営みで、主観的です。これを客観的に理解できるように整理します。

経済学との違いも説明しましたね。市場における資源配分と組織内の資源配分の違いは、経営学で考えた人間の思考と、市場における価格機構との競争関係でした。経済学は競争の仕方をテーマにはしていませんが、経営学は企業が存続するための方法をテーマにしています。〝人間はどのように考えたらよいのか〟、そのための方法です。

経営者が選択を誤ると、組織は維持できません。実際に、人々が働き、所得を得る〝場〟

がなくならないようにするのが経営者の仕事でもあります。所得を得る〝場〟とは、労働者の賃金のみならず、取引先への支払いや税金、金融機関への利子や株主への配当です」

メグミは黙って聞くしかなかった。

「たとえば、経営戦略論などは、事業選択の考え方や事業の選択基準などを提案しますし、組織論は選択した事業の組織のあり方、つまり目的の解決方法に関する選択肢を与えてくれます。人事や財務など経営に関する科目群は、問題の解決方法について、その選択肢を示してくれます。それは、すべて所得を得るための機会選択です。

各企業が所得を稼がなければ、社会は生産物を生産できないことになります。税金の支払いがなければ、個々の企業や家計が発生する社会的な費用を負担できなくなります」

「税金って、そういうことだったんですね。税金を払っていない企業は、社会的に責任を果たしていないことになりますね」

「その通りです。ただ、企業とは何か、法人とは何かという問題は残ります」

「どういうことですか？」

「節税方法を駆使して、所得があるのに法人税をまったく支払わない企業はありますね。しかし、法人税を支払わなくとも、所得を生むだけで税金は増加します。給与を支払うと源泉徴収した税を支払います。配当を支払うと株主は税金の支払いが必要です。財やサービスを販売すれば、消費税の源泉となります」
「なるほど、そうですが、釈然としません」
「そうですよね。企業がちゃんと法人として、その税金を支払わないというのは問題です。ただし、やはり自然人ではなく、法人が税を節約しているということです。企業から所得を得る自然人は、経営者も含めて、すべてが税を支払わねばなりません。法人税が高いと企業に関わる自然人の所得は減ります。

また投資を奨励するために税を軽減することもあります。投資が投資を呼ぶことで、所得が増加すれば、法人税以外の税収が増えるでしょう。法人税が高いと、企業自身が日本から脱出してしまうかもしれません。これも困りますね。経営者は、法人の立地を税の観点からも考えねばなりません。

それでも、租税回避を目的にして、タックス・ヘイブンのような地域に所得を移す行為は、おそらく正義の観点から批判されるでしょう。CSRの観点からすれば、大企業ほど多くの社会的資本を利用し、社会の恩恵を受けているはずですから、より多くの税を支払い、社会的責任を果たすべきです。回避手段をとることは、市場を介さない社会的サービスを無償で利用することになります。

経営学は、所得を生み出す方法について考えさせてくれますが、所得分配の大枠は市場や国によって決められてしまいます。経営者の報酬や労働者の賃金、資本の利子は、市場における生産要素価格として決まります。各企業に裁量的な決定権はありますが、市場の価格を下回ることは難しいでしょう」

「安売りはできないということですか?」

「財やサービスの安売りはできます。競争の状態によっては、安売りを回避できないかもしれません。問題にしたのは、生産要素の価格です。創成社が、南山さんの給与を半額にすると言ったら、どうします?」

「・・・・」

「普通は辞めますよね。別の会社が雇ってくれるのであれば」

「半額だと、辞めるしかないですね」

「給料水準や利子などの価格は、各企業にとっては制約条件です。病院の経営者は、お医者さんや看護師さんの給料を制約条件と考え、医療目的を効率的に遂行するための仕組みに関心があります。開業した鍼灸師さんは、自営業者としての経営学を学ぶことで、自分が利用できる資源の有効利用を考えることができるのです。それは、当然ですが、顧客にとって歓迎されるでしょう。もちろん、テーラーの科学的管理法やフォードの事例でわかったように、経営者の調整が成功すれば、結果として、すべての利害関係者の所得を増やすことになります」

■なすべきことの選択方法

「特に重要なことは、〝何をすべきなのか〟〝何をしたいのか〟ということです」

「先生、〝何をすべきなのか〟というのは、〝何をしたいのか〟がわかれば良いのではないですか？」

「いえ、〝すべき〟と〝したい〟は、まったく違います」

「やりたいことをするのが一番ではないのですか？」

「もちろん、それは幸せかもしれません。歌を歌うのが好きだから、歌手になりたい。ピアノを弾くのが楽しいから、ピアノ奏者になりたい。絵を描くのが好きだから、絵描きになる。サッカーが好きだからサッカー選手になる。夢を求めて、これを実現することは素晴らしいですね。

だけど、情報と選択肢を与えておくことは重要です。歌手になることができる確率と期待収入はどうでしょう。ほとんど食べることができないほどの所得でよければ、歌手という職業に就ける確率は高いと思います。でも、メジャーな活躍をする有名な歌手になるのは、限りなくゼロに近い確率ではないですか。

PDCAサイクル

あなたが大好きだという歌手になるとしても、あなたの歌手としての相対的な能力を評価できなければなりません。サッカー選手になろうとしたら、全国高校選手権で注目を集め、スカウトされる実力がなければなりません。他者との比較なしに〝やりたいから〟とか〝好きだから〟という理由で仕事をするわけにはいきません」

「夢を持ってはいけないということですか？」

「そんなことは言っていません。夢を持って、大志を抱き、それを実現するために計画（Plan）を策定し、実現するための役割分担、つまり組織を作り、これを実行（Do）する。そして、その実行過程で計画とのずれが生じていないかを確認（Check）して、行動の修正などをしながら活動（Action）を継続する。

このPDCAサイクルを回しながら、自分が立てた目標の実現が難しいと思うようになるかもしれない。優秀な人が多く、努力しても自分には才能がないと感じることがあるでしょう。

才能がないのに、〝諦めずに夢を追い続けなさい〟と言うのは、ストレスになりませんか？　努力が続けられるのは、好きであると同時に、自分が成長して、他者に認められるからです。自分が職に就いても、他者が認めてくれないのであれば、そういう職には就くべきではないでしょう。これは最適資源配分になりません。本人のやりがいといったモチベーションもなくなると思います」

「夢は破れると？」

「そうですね。現実に引き戻すのは、客観的に自分を観察できる能力です。それは、〝わが社は何をしなければならないのか〟という問いと同じです」

「先生、会社は、何をすべきかを決めていないのですか？　自動車会社は、自動車を生産しているのではないのですか？」

「もちろん、いま存在している会社は、すでにさまざまな事業を行っています。しかし、自動車会社でも、自動車のみを生産しているわけではありません。トヨタは、自動車以外に住宅、ＩＴ、金融、マリン、ロボットなど、さまざまな事業に進出しています。ホンダは、自動車やバイクのみならず、小型ジェット機にも参入しました。

ソニーは、テープレコーダーやトリニトロン・カラーテレビ、ベータ方式のビデオ、そしてウォークマンやパソコンなどで知られたように、エレクトロニクス関連の事業を中心に手掛ける会社でした。いまは、ゲームやアニメ、芸能、教育、介護、そして銀行や生保、損保などの金融事業などを多角的に展開しています」

「やるべきことを増やしているということですか」

「そうですね。ダイソンはご存知ですよね」

「ええ、掃除機ですね。それと羽のない扇風機」

「ダイソンは面白い会社ですよね。空気清浄機やドライヤーなども手掛けていますが、空気を吸うのと空気を出す商品に集中していますね。モーターとバッテリーに強みを感じているようです。モーターなどは、洗濯機や冷蔵庫などにも応用できるのですが、空気をテーマに強みをしっかりと選択して、これに集中している。

洗濯機や冷蔵庫には、衣服を洗う技術や食品を保管して美味しく提供するという技術が必要です。やるべきことを増やすにしても、こうした知識と技術の蓄積は他社に比較して劣位にあるという判断でしょう。たくさんの製品を生産しなくとも、強みの商品を世界中に販売すれば、生き残れる。

だけど、そんな会社が電気自動車にも進出しようとしました。これは、モーターとバッテリー、ロボット掃除機で培った自動運転の技術を結集するというわけです。しかし、この選択は撤回しましたね。自らを知ることは他者を知ることです。その逆も真でしょう。選択の見直しは、常に必要です。

できる商品でも、勝てないのであれば、やらないという判断です。アップルなどの企業戦略も選択と集中をしていますよね。洗濯機や冷蔵庫が作れたとしても、アップルのイメージが違う。広告して顧客を開拓するのは大変でしょう。

加えて、〝何をすべきか〟ということは、同時に撤退も考えます。自分のやるべきことを選択して、他社に比較して優位性が確保できるように資源を集中させねばなりません。そして、一度、選択した事業は、そこから撤退するのが大変です。顧客が存在している以上、アフターケアなどが求められます。収入がなく、支出だけが継続するのですから、この事業に従事する従業員のモチベーションを維持するのは大変です。選択と集中は重要な意思決定です。

好きでも、他社に比較して劣位にあるような商品や事業を選択してはいけません。嫌いでも、他社に比較して優位な状況にあれば選択しなければなりません。競合相手がいなければ、市場を独占できます。社会に必要な財・サービスにもかかわらず、ライバルが参入しないのは、誰もが苦手と思っているからかもしれません。こうした戦略はブルーオーシャン戦略などと名付けられました」

「あっ、もう一方はレッドオーシャン戦略ですね。わが社の出版にそんなテーマの本がありました。血で血を洗うような激しい市場競争の状態がレッドオーシャンですね」

「そう。多くの企業が参入しているので、顧客を奪い合うために価格競争などを繰り拡げるわけです。勝っても利幅は薄いので、あまり良い選択ではありません。社会にとっても、モノ余りの状況ですから、そこに企業が参入しても豊かさに貢献はしません。


しかし、レッドオーシャンになるのは、人気の仕事であり、やってみたい仕事であり、みんなが注目している産業なんです。

少子高齢化社会というような環境の説明がなされると、経営者は一斉にこのキーワードに関連するような事業に取り組もうとするでしょう。子供や若者の市場から老人の市場に雪崩を打って事業が参入することになりますね。確かに、高齢者の市場は重要ですが、参入する事業の選択に間違うとレッドオーシャンになってしまいます」

■文学の価値は？

「経営学を学ぶと、参入すべき事業を教えてくれるのですか？」

「経営学では無理ですね」

「やはり無理なんですか？　あまり役に立たない？」

「どのような事業に参入するべきか？　この問いは、網の目のような分業の体系を俯瞰するように、未来を見渡す広い視野が必要です。市場が環境に応じて刻々と変化していることを意識しつつ、将来の人々の消費活動や企業間取引を予測しなければなりません」

「そうした視野の広い観察眼はどのように養われるのでしょうか？　経営学ではないのですよね」

「答えはありません。何しろ〝神の見えざる手〟ですから。しかし、文学や社会学、法学や自然科学など、幅広い知識がヒントや閃きを与えてくれるかもしれません。あくまでも、それは可能性を高める程度なのかもしれません。経営学は、そうした知識を生かすための学問です。経営学を学ばなければ、せっかくの教養も事業に生かせません。戦略論などは、社会を取り巻く現在および将来の環境をさまざまな視点で捉え、社会が問題とすべきこと、人間が必要とする活動を抽出する思考のフレームワークを与えてくれます」

「文学も必要ということですか？　そう言われても、文学が社会生活に役立っているようには思えません。私のしていた研究が経営とつながるようには思えないんですが」

「人間とは何か、豊かさとは何か、という問いの追求ですね、文学っていうのは、とても人間的な活動ではないですか。言語を表現の媒介にした、作者と観察者の間の精神的で感覚的な相互作用の活動ですよ。言葉によって、私たちは世界を知る。

言葉を持たない人間は、自分の欲望や要望を説明できない。〝お寿司が食べたい〟とか、〝鰻重が食べたい〟というのは、料理の名前を知っているからですね。その料理をイメージして、お腹を空かすことになる。お寿司の形や鰻重の香りをイメージする。有形・無形の名詞を理解すると、それだけ人間は豊かな生活を描くことができますよね。美術館めぐりを楽しめるのは、作品に関するさまざまな知識を持つことで、より一層楽しめます。観光旅行は、その地域の歴史や特産品に関する知識を持つことで、楽しみ方が違いますね。コト消費などは、極めて文学的ではありませんか」

メグミは、太宰治の研究が豊かさにつながるのかを考えていた。

「食べ歩きの観光旅行を企画したり、さまざまなイベントを開催するのは、文学的な素養がなければできません。最近では、デザイン思考などと呼ばれる商品の設計思考は、人間の精神的・感覚的な営みを商品の設計段階から取り入れることでしょう。

文学に関心を持つのは、他の動物にはない人間の特権かもしれません。衣食住といった必需品であっても、文学とは無縁ではありません。

企業が組織となると、さまざまな文学的素養のある人が集まり、その多様性が新たな商品開発につながったりします。合理的経済人とは異なる、精神的で感覚的な個々人の集まりが、市場を変化させるのです」

メグミは、文学部の価値を改めて認識した。むしろ、文学部こそが企業経営の要諦のように誇らしく感じた。

■共通言語としての道具

「そうなると、今度は経営学を学ぶ意味が曖昧に感じているんですが。新書を作る意味があるのでしょうか?」

「経営学は経営をするための道具としての言語ですね。経営という共通の言語を持つことです。もやもやした経営に関する考えが言葉によって整理され、意思決定と行動につながります。同じ共通言語を持つことで、目的の達成はスムーズになります。他人とのコミュニケーションが不要であっても、経営の言葉は自分の頭の中で仕事の段取りを決めてくれます。

南山さんが会社を立ち上げる時には、資金を調達し、原材料や部品、商品の購入が必要になります。そして、顧客に販売するための方法を考えねばなりません。事業の立ち上げは、事業を行うための取引先を含めて、さまざまな関係性を構築することです。

この時、経営学を知る人は、経営の専門用語を積み上げることで事業の全体像を認識することができます。経営学を知らない人は、面白い財やサービスのアイデアを持っていても、これを社会に提供するための仕組みを考えることができません。

モノづくりの技術を持ち、その方法を知っていても、経営に関する知識や経験がなければ、会社としての事業にはなりません。個人企業を創業しても、闇雲に行動するだけで資源を有効に使うことができません。時間は無駄に浪費されます」

メグミは、教授の話を聞きながら、改めてPDCAを確認することができた。教授は、PDCAサイクルは学びのプロセスであるという。具体的な活動は失敗と成功を経験し、より良い結果を求めて経営のやり方を是正する。経営実務は、経営学の学びの場なのだろう。

「しかしながら、実務の学びは、自分自身の経験する職場に限定されます。他人が経験した過去の多くの事例は、知りえません。経営学の有用性は、各自の狭い経験を拡げる役割です。過去の多様な経験を学ぶ場には、過去の知識の蓄積が有用です。

それは、経営学の書籍や経営学部やビジネススクールのカリキュラムに凝縮されています。個々の経営者の主観的な思いや感じたモノを客観化するために、経営学は共通言語を作っているのです」

メグミのメモ（まとめ）

①機会選択の方法

- 主流派の経済学は，最適な選択をする合理的経済人を仮定するため，機会選択について考えない
- 豊かさを追求するための無意識な選択を客観的に理解できるように整理するのが経営学

②企業とは何か？　法人とは何か？

- 企業は，すべての利害関係者が所得を得る“場”を維持することが目的
- 企業が法人として税金を支払わないのは節約とう面もあるが，正義・CSRの観点からはやはり問題

③共通言語

- 経営学という共通言語を持つことで，資源を有効に使い，アイデアを社会に提供するための仕組みを考えることができる
- 個々の経営者の主観的な思いや感じたモノを客観化するために，経営学は共通言語を作る

第11章　経営学は役立つのか？

■経営学と実務の関係は？

「これまでの話から、経営学は、実務の具体的な問題を解決するために誕生した学問だということはわかりましたよね」

「はい」

「ですから、実務に役立たねば、社会的な価値はありません」

「先生のお話を聞いて、経営学は、経営者にとっては不可欠ですし、実務に貢献していると思えるようになりました」

「そうですね。経営学を学ぶ価値は大いにあります。しかし、経営学が〝社会科学〟として認識されるようになり、経営学を専門に研究する人々が誕生すると、弊害も生み出します」

「弊害ですか？」

「実務とは遠く離れた学術研究という、独自の世界を作るようになる。大学や研究所などで、実務を経験したことのない職業としての経営学研究者が生まれます。もっぱら経営学の研究に専念する人々です。私もその1人ですが」

「それが弊害なのですか?」

「弊害の原因とでも言えるでしょう。実務と学問研究の分離は、分業が深化している証でもあり、このこと自体は自然の成り行きです。経営学者が、〝あるべき方向性〟を示したり、〝価値を高める方法〟を提案することができれば、研究者は社会に貢献していることになります。

個々の具体的な実務の経験を経営学として体系化した知識にまとめる。この経営学が、再び実務に利用される。この経験と知識の往復、具体的事象と抽象的理論の往復を、経営学の研究者が担えれば、弊害などありません。経営学の研究者は、実務と研究の橋渡しをすることになります」

「具体的事象と抽象的理論の往復運動ですか。何となくわかります」

「橋渡しとは、実務家が経営を考え、実務家同士が異なる実務経験を共通の言語で話すための道具作りです。しかし、職業としての経営学者の登場は、実務家が利用すべき共通の言語を研究者のための隠語、つまりジャーゴンにしてしまう」

「ジャーゴン?」

一件間内だけに通じるような特殊な言葉です。専門的な方言みたいなものですね」

「専門的方言ですか」

「専門用語を粗製乱造することで、非常に多くの専門用語が登場します。しかも、経営学は、マネジメント・ジャングルです。さまざまな分野に細分化した専門用語が使用されることになります。経営に関する言葉が理解できなければ、モヤモヤするわけですが、職業としての経営学者は、経営者のわからない言葉を使いこなすことで、経営学者自身の価値を見出そうとする」

「どういうことですか？」

「難しい言葉を使われると、思考停止になりますよね」

「はい。先生の話でも、途中で何回も理解できませんでしたから」

「誰でも理解できる言葉を使っていたら、専門家は必要ないでしょ。弁護士が必要になるのは、法律の専門家しか理解できないような法律がたくさんあるし、その解釈も簡単ではない。お小遣い帳で済むのであれば、会計士や税理士の仕事は必要ありません。複雑な業務や規制が生じるたびに、専門の言語が増えてくる。仕事が複雑であるということは専門家を必要とする」

「経営学者も同じなんですか？」

「結果としては、同じになります。私は、ごまかすときには専門用語を使います。もちろん、すべての経営学者が意図的にそうしているわけではありません。会計士も、弁護士も、自分の職業を守るために、意図的に複雑な仕事にしているわけではありません。しかし、専門家でなければ理解できない言語が、専門家を必要としているのです」

「何だか、卵とニワトリですね」

「そうですね。学問は、例外なく、基礎的で入門的な内容がありますね。経営学の入門的で基礎的な内容は、実務家にとっても一般化し、日常的に使われるようになる共通言語です」

「しかし、最先端の研究となると、どうでしょう」

「経営学に最先端があるんですか?」

「もちろん、最先端がなければ、先端もないし、今の常識化した基礎的な内容もありませんから。最先端の研究とは、ある分野で一番進んでいると思われる研究ですね。〝思われる〟というのは、最先端を扱う研究者の成果が、多くの研究者により検証され、定着することで、理論として普及するからです。つまり、その研究成果は普及しないかもしれません」

「進んでいれば良いということではないようですね」

「そうですね。研究が社会に貢献するということは、どういうことだと思いますか?」

「社会貢献ですか? 社会にとって解決してほしいことを解くということですよね」

「そうです。医療で言えば、最も多くの人がなる病気やたくさんの人の命に関わるような病気を優先的に治したいでしょう。医療の研究には、当然ですが、優先順位があります。

100万人がなる病気と1人しかならない奇病があれば、100万人の治療が優先されるでしょう。もちろん、研究者の価値観によって異なります。これは宗教や哲学的問題ですが。

いずれにしても、研究が進むことで、多くの病気を治すことができるようになります。多くの病気が治されるようになれば、患者数の少ない難病や奇病の治癒を目指す研究に取り組むことになります。専門分野に特化した研究が進められます。研究者は、先端の医療の分野で競争して論文を発表し、成果を競います。

経営学者も同じような過程で、専門に特化していくわけですが、自然科学や医療の分野と異なるのは、最先端の研究をする意義です。

自然科学や医療の分野では、最先端の研究によって、厳密な予測ができるようになったり、実際に患者の病気を治したりできます。しかし、経営学の最先端の研究は、社会科学としての性格上、厳密な予測や特定の問題解決につながる可能性が少ないのです。

言い方を変えると、そんな研究して、意味があるの？　と問われてしまうような

「先生、抽象的なお話で、よく理解できません」

「ラーメン屋の開業を事例に説明しましょう。ラーメン屋の経営にも、多くの関係する変数があります。これまでお話ししたように、ラーメンの量、味、店の立地、店舗の大きさや椅子やテーブルの数、厨房の施設など、売上や利益に影響を与える要因を列挙します。経営者

は、重要な変数を選び出すわけです。

変数の重要度とは売上や利益に与える影響度です。ラーメン屋の利益モデルを作って検証する。従業員組織やモチベーション、接客態度の良し悪しも変数となるでしょう。戦略論、組織論、人的資源管理やマーケティング、さらにはホスピタリティの研究なども利益に関わるでしょう。

いずれの変数も、それぞれに大なり小なり影響を与えています。しかし、経営者が考慮すべき範囲は、ある特定の意思決定を行うことで、その他の変数を所与とするか否かに関わらず、利益や売上に十分な影響を及ぼす場合です」

「ちょっと混乱しています。十分なというのは？」

「そうです。素晴らしい突込みですね。〝十分な〟というのは主観的でわかりにくいですよね。もう少し説明しましょう。

経営者はさまざまな意思決定をするわけですが、その他の意思決定を犠牲にしても、ある特定の意思決定はちゃんと考えたいと思うでしょう。つまり、いい加減に考えてよい問題と慎重に考えないと大変なことになるという問題に分けている。その程度問題は、主観的な評価であっても、利益や売上に軽微な影響なのか甚大な影響を及ぼす問題なのかを分けて考えることができないと、経営者としては失格でしょう」

「まだ難しいです」

「では、具体的に説明しましょう。たとえば、〝従業員と経営者の飲み会の回数が、従業員のモチベーションを高め、利益に貢献するが、ある回数を超えると利益に悪影響を与える〟としましょう。ありそうな仮説でしょ。

しかし、飲み会に関する研究をして、その研究結果に基づいて飲み会の最適回数を決めるモデルを作り、これを実際の経営に応用するでしょうか。そんな暇な経営者いますかね。しかも、おそらく、飲むのが好きな従業員と嫌いな従業員の組織では、結果が異なります。飲み会の場所、会費も重要でしょうね。だからモデルを作ったとしても、一般的な検証はできません。

また〝夜間の気温が25度より高くなると、1度上昇するたびに従業員の睡眠不足が増え、結果として利益に負の影響を与える〟という仮説。これも決して起こらないとは言えませんね。なんだかありそうな。しかし、他の条件も変化する中で、こうした関係を重視した経営をするでしょうか。どこまで考えますか?」

「AIならやりそうですね」

「そうですね。しかし、ディープ・ラーニングによるAIの予測結果は、何を変数としているのかわかりませんからね。環境変化によって、さまざまな変数が影響を受けている時に、あまりに小さな影響を研究することに意味があるのか、ということです。経営者の勘による経営を客観化することに研究の意義があるとしても、こうした仮説に社会的価値はあるでしょうか？

〝風が吹けば桶屋が儲かる〟という諺がありますよね。何かが起こると、めぐりめぐって意外な結果をもたらすというものですが、あまり関係のないことを無理やり結果の説明に用いるたとえですね。仮説は、AとBの因果関係を示しますが、統計的な検証が可能であっても、経営者の意思決定に役立たないような問題は、経営学者という職業のための研究でしかないかもしれません。

さまざまなデータが入手可能になり、パソコンの能力や統計ソフトが安く手に入れられるようになると、職業としての経営学者は多くの仕事、つまり業績を出さなければ評価されなくなります。データに基づく仮説と検証を繰り返すことが、経営者の関心とは異なってしまう可能性があるのです」

■仮説の検定

「少し専門的な話をします」

メグミにとっては、最初から専門的なのだが、さらに難解になることを覚悟した。

「統計的検定は、帰無仮説と対立仮説により仮説を検定します。帰無仮説は、AとBは無関係であるという仮説、対立仮説は、帰無仮説に対立する仮説で、帰無仮説が棄却した場合に採択されます。

たとえば、〝給与は従業員のモチベーションの向上に正の影響を及ぼす〟という仮説を設けるとしましょう。〝給与は従業員のモチベーションに無関係である〟というのが帰無仮説です。対立仮説は、〝給与は従業員のモチベーションに効果がある〟となります」

「先生、ちょっと混乱してきました」

教授は、ホワイトボードに書き始めた。線やらお皿をひっくり返したような図を描きながら説明する。

「帰無仮説が証明されたら、〝給与が従業員のモチベーションに効果がある〟という仮説は棄却されてしまいます。実際に観察された結果と、〝給与が従業員のモチベーションと無関係である〟という帰無仮説と比較して、〝その差は誤差では済まされない〟ということになれば、仮説は主張できなくなります。

反対に、〝この差は、誤差程度に過ぎない〟、ただの偶然であるということになれば、帰無仮説は棄却されるのです。偶然である確率を計算して、その確率が小さければ小さいほど、統計的に有意ということになります。有意水準を5％もしくは1％に設定すると、〝5％もしくは1％のごく限られた確率で起こる〟となるわけです。5％有意は、給与とモチベーションは無

帰無仮説と対立仮説

帰無仮説：給与とモチベーションには関係がない
対立仮説：給与とモチベーションには関係がある

検定結果＼真実	帰無仮説が正しい	対立仮説が正しい
帰無仮説を棄却する（対立仮説が正しい）	α％の確率で棄却してしまうことを受け入れる	正しい
帰無仮説を棄却しない（対立仮説が正しいとは言えない）	正しい	β％の確率で棄却しないことを受け入れる

関係であるという結果が5％の確率で観察される。1％有意は、わずか1％の確率でしか観察されないということです。帰無仮説の棄却となります。

統計的検定は、科学的な真理を証明するようなものではありません。有意差がない場合でも、それが〝給与とモチベーションが無関係である〟という結論ではありません。帰無仮説による検定は、仮説を支持するというよりは、〝無関係であるとは言えない〟ということでしかないのです。つまり、〝給与とモチベーションは関係がある〟という証明ではないのです。

経営学のみならず、多くの研究分野で、統計的有意差を仮説検定に用いていますが、多くの統計学者がそれに懐疑的な意見を表明しています」

メグミは、ただ頷くだけだ。もっとゆっくり考えないと理解できない！

「仮説の統計的検定では、よく回帰分析や重回帰分析が用いられます。決定係数が高ければ、予測値が高い。目的変数の予測値が、実際の目的変数の値とどの程度近いかを示す値で、1に近いほど正確に予測できることを示します。

具体的に説明しましょう。

ラーメン屋の利益は、ラーメンの価格、量、味、客席数、広告宣伝費、従業員数、従業員の給与、水道光熱費、通信費、競合する飲食店の事業戦略（価格や量、味や宣伝方法）やコンビニのお弁当の品数や価格によって決まると仮定しましょう。

ラーメン屋の利益を説明するために、さまざまな説明変数を列挙します。予測値は、これらの説明変数を増やせば、実際の値に近づけることができます」

「天気に関係のあるたくさんのデータを集めて、AIが予想するようなことか」メグミは、教授の説明を天気予報に当てはめようとした。それでも天気予報が確実ではないことを知っている。

「どの変数が、利益を説明する上で重要であるのかは、回帰係数の値を見ることになります。たとえば、単回帰分析で、y＝ax+bという関係があるという仮説を考えたとき、yは目的変数で、xが説明変数、aの値が回帰係数です。決定係数が高くても、回帰係数が非常に低い場合はどうでしょう。たとえば、a＝0・0001だとしましょう。xがyを説明しているし、十分に予測できるとしても、そんなことは説明しなくていいと考える人はいるで

単回帰分析

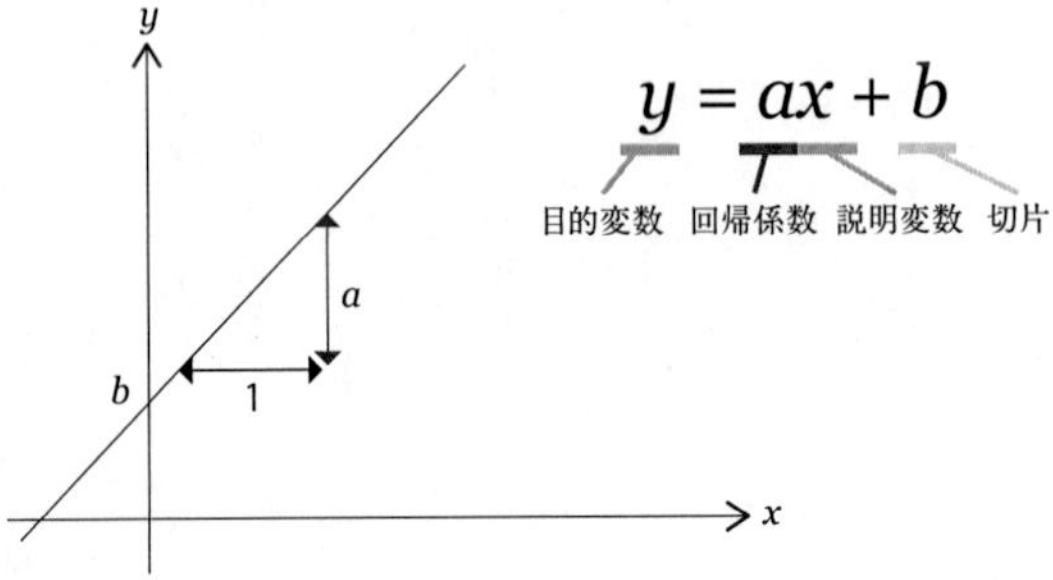

しょう。そんな些細な問題は、どうでも良いと」

メグミは、再び天気予報を考えた。「雲の動きや海水の温度は重要だろうけど、私の吐く息が二酸化炭素を増やして、大気温度を変更するということまで考える必要はないということだろうな」

「こうした重要と思われる説明変数を列挙した後で（これをコントロール変数として）、〝従業員を飲み会に連れて行く〟回数を説明変数に加えたとしましょう。〝飲み会によって、従業員のやる気が上がり、利益を向上させる〟という仮説は、ありそうだけど、それほどの影響はなさそうでしょう。説明変数を加えることで、予測値は上がるかもしれません。しかし、経営者が意思決定として考慮すべきか否かということになると、首をかしげるでしょう。

多くの新進気鋭の経営学者は、こうした説明変数に関心を持っています。もう重要な変数の説明は、多くの人が説明済みです。当然、影響が小さな問題を解明していくことになります。

これはある意味では自然科学でも同じです。原理を求めて仮説を立てるが、モデルが99％しか予測できないとしたら、残りの1％に何かが潜んでいると考えるでしょう。科学者は100％に近づけようと努力するわけです。

そして、これが重要なのですが、自然科学とは違い、実験室が準備できなかったですよね」

メグミは、ホーソン実験を思い出した。実験をしようとしても人間自身が変わってしまう。制度が変更すると、人間の行動が変化する。技術変化は、人間の嗜好や思考を変える。

「そうなると、ごくわずかな影響を説明しようとする仮説は、統計的に有意であっても、そして、それが真理であったとしても、一時的な仮説かもしれない。多くの研究者は、仮説の再現性を試してみますが、サンプルの対象や時期によって異なる結果になります」

「なるほど。これも実験室の問題ですね」

「その通りです。しかも、社会科学の仮説は、実験室だけの問題ではありません。もともと、自然科学のように対象を明確に定義できない問題を考えなければなりません。従業員のモチベーションと給与の関係と言っても、モチベーションは客観的に測定できるデータはありません。主観的で個々の従業員によって異なる〝思い〟を客観的に測定できるデータで置き換えて証明しようとします。説明できない変数を代理変数を用いて説明しようとするわけです」

「代理変数ですか?」

「そう、つまり、説明したい変数や説明する変数が、実際には手に入らないので、違うもので代理するわけです。そうなると、正確に測定しても、もともと違うことを説明しているわけですね」

「どのような代理変数があるのですか?」

「たとえば、〝コーポレート・ガバナンスがしっかりしている会社は、業績が良い〟という仮説を検証する場合に、コーポレート・ガバナンスの〝しっかり度〟などは、曖昧ですよね。これを社外取締役の人数などで検証するとしましょう。社外取締役の人数が増えても、ガバナンスが機能するか否かは別問題ですが、関係はしそうですね。ここにも仮説があるんです。そして、ほとんどすべてが代理変数と考えてよいですよ。業績を財務諸表の数値で測定するとしても、業績の定義は財務諸表で測定できるとは限りません。つまり、社会科学の仮説と検証は、ある意味ではすべてが代理変数で行われるのです」

■実務と研究のギャップ

「こうなると実務と研究者の関心は乖離してきます。それだけではありません。実務と研究者の仕事や関心事は異なります。実務家は、それぞれの専門的な仕事に直面しています。具体的な仕事として、専門に特化していることになります。専門的な知識と経験を持っているからこそ、それぞれの会社を経営できる。市場との差別化ができ、組織として存続できているわけです。

一方、研究者の仕事は、特定の実務にのみ当てはまる特殊なテーマではありません。多くの実務に役立つことのできる平均的もしくは中央値的な問題に関心があります。普遍的な問題ということになりますが、これが経営学の場合には難しいために、悶々と苦労しているわけです。

個々に特殊なデータを集めながら、そこから一般的で共通事項になるような抽象化をしているわけです。だからこそ、経営学を学ぶことで経営者は、共通言語を手に入れることができ、これを用いて経営を考え、経営の言葉でコミュニケーションをとり、具体的な現場で応用的な思考が可能になるのです。

経営に関する理論が価値を持つのは、これを利用することで仕事の価値を高めることができるからです。仕事の価値向上とは、仕事に利用される資源の価値が高まることです。経済学的には生産の3要素を惹きつけるということです。それは、希少な経営人材の価値を高めることにつながります。このとき、経営学は経営者に受け入れられ、経営者の人材育成に貢献することができるわけです。

ただし、経営学研究は、専門分野の研究に特化しています。注意しなければならないのは、どんなに特定分野を深掘りした研究であっても、経営の全体象を理解していなければ意味がないということです。意味がないどころか、マイナスの影響を与えることもあります」

「経営学研究が社会にマイナスだと、経営学者はいない方が良いということですか?」

「そうです。経営学は、研究対象を絞り込むことで、機能別に高度な学問領域を構築します。それは実務に携わる人々に何を考えなければいけないのかという〃思考の枠組み〃を作ります。

財務の仕事をする人は、財務に関する専門書を読む。人事の仕事をする人は、人事関連の専門書を読むということで、自分の仕事を生産や営業などの諸機能から切り離して、専念できるわけです。各機能を担当する人は、自らなすべき意思決定と責任の範囲を明確にすることができるのです。

しかしながら、各職能を担う人が、それぞれ独自の意思決定をした結果、仕事の全体の価値が損なわれたら困ります。各自の分化した機能は、経営全体の目的遂行に適したものでなければ意味がないわけです。

もし研究者による経営学の深化が、経営の諸機能の有機的連関を失うと、実務への適応はできません。経営者は、複数の機能が相互に矛盾なく働くようにしなければなりません。経営学か実務に応用できるのは、特定機能に関する仮説が経営全体の仮説と結び付くときです」

■現場情報の抽象化と共通言語化

「経営学は、理論を構築する一方で、知識を深化させていきます。真理を追究し続けているわけです。その結果、各分野の研究を統合するのは一層困難になります」

「でも、統合しないといけないんですよね」

「そうですね。研究の進化は最先端の研究に拠るわけですが、実務の世界では、各機能の最前線で問題が発生しています。上からの指揮や命令と現場との軋轢もありますが、競争相手との戦術や取引企業やその他の利害関係者との調整が必要になります。問題に直面するのは、現場の従業員です。彼らは、与えられた権限内で問題を処理しなければなりません。

従業員に与えられた権限委譲の範囲が狭ければ、当然ですが、対応できる行動や意思決定の範囲が制限されます。問題発生の現場では、その直接的な原因が認識対象となります。

たとえば、支払期日に決済できない場合、経理担当者は預金の残高不足や現金不足という直接的な原因を調査しなければなりません。しかし、経理部門の上層にある管理者は、預金残高等が不足した原因を認識しなければなりません。運転資本管理や長期投資の回収問題か、あるいはビジネスモデル自体の問題であるかを検討しなければならないということです」

メグミは、さまざまな職務を遂行するには、法令等を遵守したり、組織内の担当者との調整など、いろいろあるのだろうと思った。私は、これから創成社の中で、いくつかの職場を経験させられるのかもしれない。でも、性格的に大ざっぱな私は、経理には向かないなと思っていた。

「経営学の理論的考察は、こうした現場で発生した問題について、本質的原因にさかのぼることになります。その問題は、階層的な意思決定の低層から上層へと因果関係の連鎖をさかのぼることで問題の本質に辿り着くことになります。

この原因の探索プロセスは、因果に関係する変数と無関係な変数を選択し、抽象化するプロセスです。階層化された各機能は、因果に無関係な情報を捨象して、現場の情報を上層に伝達することになります。この過程で具体的な情報は抽象化され、専門的な用語で語られるというわけです。

しかし、さまざまな事業を行う企業の経営者や多くの階層構造を持つ経営者は、このような専門的な用語を理解できません。商品の技術的知識のみならず、財務や人事のノウハウの詳細を理解している経営者はほとんどいないでしょう」

私は、自分の源泉徴収税や社会保険料の計算方法を知らない。でも、そうした計算をする人がいなければ会社は成り立たないよね。先日、スマホを買い替えた時、お店の人は、各商品の特性を理解していて、細かな違いを説明してくれたけど、ドコモやａｕの社長は、自社の製品を顧客に説明できるのかな？

「人間の能力が限られている以上、限られた情報と解析能力の中で意思決定しなければなりません。意思決定にかかわる変数を選択する際、各自は、それぞれの変数に主観的ウエイトをつけることになります。重要な変数には重いウエイトをつけて、そうでない変数には軽いウエイトをつけるということです」

ウエイトとは、たぶん〝重要な変数の選択〟とか〝回帰係数〟の問題なのだろう。何度か繰り返して説明してもらうと、徐々に理解できてくる。

「些細な問題については、それを無視することも必要です。優秀な従業員は、適切な重みを付けて上司に報告します。変数に対する重みづけが適切であれば、何をすべきかの優先順位が明確になります」

「なるほど。なんでもかんでも報告されたら、上司は困りますね」

「そうです。現場から管理職や経営上層部に情報が上がる段階で、必要な情報のみ伝えられることが望ましいのです。だけど、本来、必要のある内容が伝達されず、不要な情報のみが伝達されたら経営の意思決定はおかしくなりますね。

必要な情報を伝えるように、部長などの各機能のトップは、従業員の能力を開発しなければばならないのです。各機能の専門的用語は、経営トップの意思決定のために共通言語化することになります。

因果関係の複雑な説明は省略され、経営トップは総合的な意思決定をすることになるのです。各職能に特殊な方言は、標準語に統合されるのです」

「先生、そうなると誰を部長にするのかは重要ですね」

「そうですよ。各部署の責任者を任命することは、経営全体の評価につながるのです。経営者が取捨選択する情報によって、独自の経営モデルとなるわけですから」

■凡庸な経営理論と陳腐化

「繰り返しますが、諸機能に特化した理論モデルは、多くの変数を所与としています。つまり仮説を検証するには、他の事情を無視しなければなりません。理論となるような事象は、因果関係を導き出すための限られた変数ですが、それは過去に繰り返し発生した問題の原因究明です。1回限りの問題は理論になりません。偶然の事象や異常な事象というのは、理論とは言えないのです。

優れた経営者の選択結果なのか、多くの凡庸な経営者の選択結果なのかはわかりませんが、過去から繰り返された変数をモデルとして捉えることになります。

仮説が観察結果によって裏付けられ、理論として定義されると、実務上の思考を短縮化させる言葉となります。機能別に専門用語が生まれ、共通認識の情報収集により意思決定は迅速になるわけです。

しかし、モデルは、時間と共に現実を説明できなくなります。理論と衝突するような矛盾した事象が起こるからです。仮説を否定する検証結果が数多く現れると、新たな理論モデルが必要になります。所与とした変数は、時々刻々と変化するため、モデルの説明力は劣化します。

仮説から導かれた解決策や改善策は、新たな制度や意思決定ルール、そして管理手法となるでしょう。それらは、組織内外の多様な関係を円滑に処理するための標準化した言語なのです。しかし、モデルは、それが確立した時から陳腐化と矛盾をはらんでいるのです。自然科学的な理論モデルと一緒にしてはいけません」

メグミは、改めて、実験室の意味を考えた。経営理論のモデル化は、人間自身を扱うので難しいよね。温泉旅館は、泉質と料理、旅館の内外装、価格、駅からの距離、従業員の接客能力などで、その需要が決まりそう。でも、秘湯の温泉旅館の価値は、料理や旅館の内外装とは無縁かもしれない。最寄駅から遠く、崩れそうな建物と粗末な料理、それに主の素朴な人柄などが人を惹きつけるかもね。複雑な人間を想定すると、緻密な実験室など作れないはず。緻密であればあるほど、モデルを解釈するのが難しくなりそう。

■組織内外のコミュニケーション

「経営者の役割は、陳腐化した言語を新たな言語に置き換えることが重要です。環境に適した言語を用いるということです。組織内の標準的言語と各職能内の特殊専門的言語の往復運動は、環境変化の中で行われます。

当然ですが、財務で用いる言葉と人事で使用する言葉は異なります。生産の現場で使用される言葉と営業で使用する言葉も違います。法律や技術環境などによって、使用する言語は変わります。各機能の特殊な言葉を組織に共通の客観的言葉に転換することで、経営者は組織の目標や計画を策定し、これを実行に移す段階で、職能ごとの言語に翻訳して、各部署の目標や計画とするのです。経営者とは、機能ごとに境界を持つ言語の通訳者になるのです。

しかも、経営者の通訳は、組織内のコミュニケーションに止まりません。経営学は、各職能と組織内外の変数をモデル化しなければなりません。財務機能は、株主や銀行などとコミュニケーションを取ります。人事部もしくは人事課は、労働市場や派遣会社等との情報交換をします。そして、当然、企業は商品を介して、顧客と対話をしなければなりません。企業の組織外とのコミュニケーションは、経営者の最大の仕事です。企業組織の外との対話は、利害関係者向けの共通言語に翻訳しなければならないのです」

「コミュニケーションですか」

「そうです。これに失敗すると、利害関係者間の衝突となります。たとえば、経営者が将来を予見して、事業領域の舵を取ろうとします。従業員たちは、主要業務が入れ替わることで混乱が生じます。これまで重要な基幹業務に携わっていた人が、その地位を失います。反対に、どちらかと言うと隅っこで小さな業務に携わっていた人たちが、企業の重要な責任を担うことになります。人間の能力評価が相対的に変化します。これを伝えて、納得してもらわねばなりません。抵抗勢力が強ければ、企業組織は停滞し、巨大化した恐竜が死に絶えるように衰退してしまいます。

こうした情報は、必要な人材の変化であり、雇用の情報として労働市場に伝達しなければなりません。また、組織の人間が変化するということは、企業組織の質を変化させ、企業価値の変化をもたらします。したがって、資本市場にも伝達して、株主に評価してもらわなければなりません。

労働市場や資本市場のみならず、顧客にも伝えます。当たり前ですね。業務が変化するということは顧客が変わることですから。これらの活動はPR、すなわちパブリック・リレーションズです。

経営者が将来の社会を俯瞰して、その方向を見定めることに失敗すると、企業は消滅します。しかし、〝やるべきこと〟が正しくても、これを組織内外に伝達できなければ、企業は存続できません。突然、リストラをして、多くの失業者を生み出すといった事態に陥るかもしれません。株価が急落して、買収されることもあるでしょう」

メグミは、アメリカの小売の店舗数が、たった3年間で1万店舗も減ったというニュースを見た。あのニュースは、確か日経新聞（２０１９年9月23日）の記事だ。インターネットを介したアマゾンの起こしたイノベーションが、古い小売事業を淘汰していったのだ。だけど、アマゾンって、赤字続きの会社だったと聞いたことがある。ずっと赤字なのに、よく経営ができたと思う。株主との対話に成功したのかもしれない。株主の出資がなければ、事業を継続できなかっただろうし、従業員を雇用することもできなかっただろう。

その赤字の期間中に、社会の方向は着実に変化したということか。その読みに失敗した経営者や気付いても何もできなかった経営者。やろうとしても、利害関係者を説得できなかった経営者がいるわけだ。

「要するに、経営学の役割は、各企業や各諸機能の特殊な言語を共通の標準言語に抽象化することでしょう」

「先生、でも、凡庸なモデルなんですよね、標準言語って」

―そうですね。注意しなければならないのは、標準化した言語は、突飛な発想を説明できないことです。繰り返されるデータから生まれた仮説が言語を作るのですから、当然です。実務と学問の接点は、個々の特殊な経営者の経験とは異なるということです。

成功した経営者の話は大変興味深く、面白いのですが、個人的な経験は、特殊な環境の中での特殊事象です。必ずしも、一般化はできないのです。大成功した経営モデルは、さまざまな環境との関わりの中で、これまでとは異なる結合方法を選択したわけです。

研究者は、社会を俯瞰して、個々の企業経営の情報を社会の全体的状況の中で相対化させる研究姿勢が大事です。特殊な経営者の経験を社会の全体の中で位置づけ、抽象化したうえで、いかに特殊なのかを説明しなければなりません。

経営学は、特殊な経験が標準化するときに、仮説を構築できるわけです。標準化できない特殊事例は、経営者にとって模倣できません。参考にもなりません。制度や規則、マニュアルなどは、限定合理的な人間の諸機能を標準化させるものです。経営学は、この標準化した諸機能を理論とします」

メグミのメモ（まとめ）

①実務と学問研究の分離

- 職業としての経営学者の登場は，実務家が理解できない専門用語を粗製乱造する
- 実務家は専門に特化しているが，研究者は多くの実務に役立つ平均的，中央値的な問題に関心がある

②仮説の検定

- 制度が変わると人間の行動も変わるため，社会科学の仮説は一時的なもので，対象を明確にできないという問題がある
- 経営学の最先端の研究は，厳密な予測や特定の問題解決につながる可能性が少ない

③標準言語化

- 経営学の役割は，各企業や各諸機能の特殊な言語を共通の標準言語に抽象化すること
- 成功した経営者の経験は，特殊な環境の中での特殊事例なので，模倣できないし参考にもならない

第12章　最先端の経営学と社会的価値観

■起業について

「先生、そうなると、イノベーションは経営学の対象ではないのですか？　新しい事業の立ち上げは、まだ事業の仕組みや商品の名前も標準化していないのですから」

「そう、標準的でない画期的な経営ですからね。イノベーションを予期して、その特徴を説明する理論はありません。多くの人は、イノベーションが起こるまで気が付かないのですから、事前には情報を収集できません。情報がなければ、研究者は仕事ができません。それでも成功したイノベーションを事後的に整理して、その特徴を分類することはできます。またイノベーションを起こす組織のあり方や人材育成方法、人事評価など、起業活動にプラスの影響を与えるということも研究対象になるでしょう。

起業が成功すると、新しい言葉が生まれます。グーグルやフェイスブック、アマゾンや楽天、それに、メルカリなどは、その名称によって何をするかという活動が伝えられます。新しい言葉が普及して共通言語になるとき、経営学の認識すべき対象が拡がります。既存事業の増加は、量的成長に貢献しますが、人々の限界効用は次第に逓減し始めます。質の変化を伴わないために、新しい言葉は生まれず、徐々に過当競争となり収益率を低下させます」

「収益率の低下と言葉の誕生が関係するんですね」

「ええ、新しい言葉が誕生しなくなれば、この領域における語彙数は増えず、既存の知識が飽和状態になります。ビジネスの創造は、既存の言葉を組み合わせて、新しい言葉にすることです。革新や新結合、あるいはイノベーションという概念で説明される知識の創造は、既存モデルが与件としたものを変数として再認識することかもしれません。つまり、無視しているモノや視野に入らないモノを取り入れるということです」

「私は、無意識のうちに視野を狭める傾向にあるように思います」

「そうですね。仕事に専念していれば、特定の仕事以外は目に入りません。だけど、異なる分野の人が見ると、おかしな仕事や不思議な行動に気が付く。どうして、そんな面倒なことをしているのだろう。もっと簡単な方法があるのに、というような」

「異なる分野の仕事では、視野が違うということですね」

「多様性が重要になるのは、視野の違いですね。知識や経験によって、モノの見方が異なるんです。しかし、視野を拡げても、新商品を開発できるとは限りません。多様な考えを取り入れても、正確な未来を予見することはできません。新規事業の創設は、学問というよりは、一種の閃きです。過去の経験や学問の知識が、新しく結合するのです。それは、平均値や中央値というようなデータからは把握できません。閃きが事業化に成功したとき、それは、これまでにない外れ値となります。人事評価は一変し、無名だった起業家が時代の寵児となるわけです。

さまざまなアイデアを、商品やサービスの事業アイデアにまとめる段階では、特に経営学は必要ないでしょう。〝あったらいいな〟とか〝楽しそう〟というような好奇心みたいなものが原動力でしょう。ですから、起業モデルを理論化しようとしても、人間の頭の中で結合した知識が閃きとなり、新しい人間関係の結合となります。これは操作性のある客観的概念に変換できないように思います。

過去のデータがないために、確率を計算できず、そのため、モデルの変数は、確率変数になりません。起業家の活動は、リスクではなく、確率分布さえも把握できない不確実性の概念が求められる」

「確率変数?」メグミは、独り言のようにつぶやいたが、質問はしなかった。漠然とであるが、生命保険の死亡確率だとか、宝くじの当たる確率、天気予報の雨の降る確率を考えていた。多分、世の中で起こることは、ほとんどが確実に予想などできない。だから、確率で説明するしかなさそうだ。

「経営学は、起業に成功し、これを事業化する段階で必要になります。普通の利潤を上回るような超過利潤を得ることができるようになると、模倣者が参入を始め、新しい言葉を普及させることになります。言葉で説明できなかった閃きが、言葉で説明されるようになるのです。

事業の量的成長は、模倣者によって超過利潤を消滅させていきます。それは新しい言葉が普及して、共通言語になることでもあります。非常識は常識となります」

■言葉の創造は考えること

「共通言語化すると、経営学の教科書に載る専門用語にもなります。仕事のやり方としてマニュアル化できます。標準化した仕事の仕組みができると、〝これこれの仕事をするには、こういうやり方をしなさい〟というようなハウツーや規制にもなります。最低限の基準が設定されて、〝この方法で仕事をしてください〟というようになります」

「なるほど。規制にも関係するんですね」

―そうです。規制は、マニュアルに従うことを求めます。規制をクリアすることで、仕事ができるわけです。だから、規制をクリアすることで会社自体を創業できるんです。規制は、会社の作り方を教えてくれます。

営業を認可してもらうために書類を作成するのは面倒ですが、書類作成は、仕事の内容を説明するものです。認可できるように仕事の内容を作り上げねばなりません」

「お役所仕事は、許認可権を持つから偉そうで高圧的なのかと思っていましたが、悪いことは言えませんね」

「そうですね。すでにお話ししたように、粗悪品や健康被害を起こすような商品を販売させないようにしなければなりませんね。生産者と顧客は、情報が非対称的ですから、安心して取引するには、国などの権限に基づいた規制が必要です。市場取引を円滑にするためには、間違いのないような仕組みを作らねばなりません。これは取引コストの問題でもありましたよね」

メグミは、教授による取引コストと規制の話を忘れていた。

「だけど、規制が厳しすぎると、会社の仕組みがすべて同じになりませんか?」

「そうです。ここに問題があります。金太郎飴のように、どの企業も同じ仕組みで調達・生産・販売することになります。平均的な企業ばかりになってしまいます。〝市場取引を円滑にする〟と言いましたが、同じ企業ばかり存在することで、どこと取引をしても質的な問題は生じない。だから価格しか見なくて済むということです。新古典派的な市場理論は、自由な競争を前提としているようですが、規制の中で競争をすれば価格競争になります」

「価格競争というと、差別化などが行えない、画期的な企業が生まれないということですね」

「はい。規制によって、がんじがらめになれば、独自の経営はできません。経営者は、考えることを放棄してしまいます」

「経営学は必要ないということですか?」

「むしろ、教科書通りの経営ですが、特に経営学を勉強する必要もない。みんな同じですから」

「だから、規制緩和が必要になるんですね」

「規制を緩和することで、経営者は裁量権を持つことになります。機会を選択できるということですね」

「やはり、機会選択なんですね」

「経営者が自己の意思決定に責任を持たねばならなくなります。規制通りにしていれば、経営者の責任ではありませんが、裁量権が与えられ、経営者が機会を選択することになれば、経営者の責任は重くなります。規制緩和は経営者を大人扱いすることでもあります」

「大人扱いですか」

「子供と大人の扱いの違いは、〝こうしなさい〟という経営から、〝自分で考えなさい〟という経営への変化です。新しい事業は、他社から真似ることができませんから、自分で考えるしかないのです。

自分で考えた製品やサービス、あるいは調達や製造、販売の方法を説明しなければなりません。自分の考えで起業する場合には、資金供給者や雇用する従業員に理解してもらわねばなりません。この説明を順序だてて、わかりやすく簡潔に説明するプロセスで新たな言葉が生まれます」

「新しい言葉が作られるということですね」

「そうですね。先ほどもお話ししたように、語彙数が増えることは、新しい事業が増えることを意味します。それは新しい豊かさを創造しているわけです。

起業家的活動は新しい問題の認識です。それは、具体的事象から問題を発見するために考えなければなりません。問題を発見できれば、改善や改革を提案するために、因果関係を考えることになります。常識化した仕事は、考えることをしない思考停止の経営です。経営者が考えることは、起業家的な問題発見と経営学的な問題解決方法、つまり、仮説の構築になります」

「問題の発見は、閃きなんですよね」

「そうですね。脳科学者に聞きたいところですが、いろいろな知識や経験が、ある瞬間に結合する。だから、いろいろな知識や経験が頭の中に記憶されていなければ結合しません。現在は、何かがわからないと検索できますね。百科事典などという言葉が死語になりそうです。でも、自分の頭の中の引き出しに入っていないと、閃きは起こらないでしょう」

「そうなると、クイズ王になるくらいに、いろいろなことを勉強しておかねばなりませんね」

「そうですね。ただ、クイズ王が、覚え込んだことをコンピュータの検索機能と同じように、ただ引き出すだけであれば、閃かないでしょう。クイズ王が社会の問題発見のために考えることが重要になるわけです。

ただ、1人の知識量には限界がありますね。ですから、多様な人々が集まって、意見を出し合うことが重要なのです。チームや組織が問題発見をするということですね。デザイン思考などという言葉も生まれています」

「デザイン思考ですか。うちでも、そうしたタイトルの本があるかもしれません」

「文学、歴史、音楽や絵画などの芸術や文化、物理学や化学、コンピュータサイエンスを学んでいる人など、多様な人が集まって1つの頭脳になり、閃きを生む集団思考的方法ですね。こういう思考は、現在の大学教育では機能しないかもしれません」

「どうしてですか？」

「現在の大学の入試制度を考えてみてください。年齢は、ほぼ同じですね。最近は浪人する人が減りました。18歳の人が、偏差値を見ながら学部を選択します。同じ年代というのは、同じテレビを観て育ちます。同じ音楽を聴いています。流行も同じ時代に同じものを感じた人たちです。しかも、偏差値競争は、勉強の内容や方法を同じにします」

「同じ学部・学科に在籍している学生は、同じような知識と経験を持った同質の人々ということですね」

「そうですね。ある種の常識を共有している人たちです。常識っていうのは、非常識を許容しないわけです。突飛な発想や行動は、無意識のうちに排除されてしまいます。常識が形成されていると、新たな問題の発見は難しいのです。

常識の殻を破る人は多くありません。そのため、学部や学科の壁を低くしたり、年齢の異なる人と交流できる〝場〟や他大学との交流が重要になります。たくさんの大学が同じ地域に集まっていると、それだけで多様な分野の人が集まり、新たな発想が生まれる〝場〟が出来上がります。多様な人材が交流できる〝場〟を作らねば、新規の事業は創造できません」

「会社も同じかもしれません」

「そうです。特に、〝わが社は独自な文化がある〟ということで、外部とのコミュニケーションがなくなると、発展できません。都市が発展するのは、さまざまな商品の売買を通じて、異なる知識や経験が交流するからです。都市とは、そのような〝場〟なのです。江戸時代の鎖国のような状態を続けると、当然ですが、知識の交流は阻害されます」

■価値観と新規事業

「ただ、人間というのは面白いものです。鎖国政策などなくても、宗教や道徳的な価値観などが、知識の交流を阻害します」

「価値観ですか。これまでも価値観の重要性は伺っていますが、事業創造に関係するんですね」

「そうです。どのような事業に進むべきか、どのような事業を起こすかという企業戦略でもあります。たとえば、〝自然環境は保護すべきである〟〝プライバシーは侵害してはいけない〟〝賭け事はしてはいけない〟というような主張は、価値観に基づいた判断ですね」

「価値判断と企業戦略ですか?」

「そう、価値判断は、人間が決める良し悪しです。真理か否かを問うことはできません。客観的データでは確認できません。せいぜい、多数決で決めるしかないのです。

法案が通過すると、これまで曖昧であった問題を評価できるようになります。多数の意見が正義を決め、良いか悪いか、善か悪か、正しいか間違いかを決めることになります。

人々の価値観が、実行可能な事業と不可能な事業を選別することになります。たとえば、〝大気汚染をしてはいけない。その基準は〇〇である〟となると、〇〇の基準以内であれば正義であり、基準をクリアできなければ汚染の罪を問われます。

地球温暖化は、切迫した問題です。異常気象による災害は、多くの人命も奪います。海面が上昇すれば、国土を失う国が現れます。CO_2を出す企業には、資金を供給しない、株を買わないという投資家の運動も生まれます。ESG投資などという投資家の運動は、投資家という特殊な経済主体の運動と思われるかもしれません。でも、投資家は、消費者でもあり家庭生活をしている人間です。そうした人たちの活動は、法律で定められなくとも社会の価値観を形成していきます」

「ESG投資?」少し前にも同じ単語が出てきたような記憶がある。やり過ごしていたが、繰り返し登場する単語は確認が必要だよね。メグミは、こっそりスマホで検索してみた。環境や社会、企業統治に配慮している企業への投資を優先させようとすることらしい。

「ディーゼル・エンジンは、2015年に発覚したフォルクスワーゲンの排ガス不正の影響でマイナスのイメージが高まりましたね。製造しなくなる自動車会社も増えています。地球温暖化に与える影響を考えると、ガソリン・エンジンの自動車に乗ることが後ろめたくなるかもしれません。大切に乗っていた愛車を手放さねばならなくなる。

トヨタが開発したハイブリッドや燃料電池車の話はしましたよね。株主重視の話の中でしたが、長期的なビジョンという視点から、自動車会社の経営者は、価値観の変遷を予想しているのです。

個人情報も、いつからか厳しく管理されるようになりました。私が子供の頃、私立の小学校の名簿には、住所や電話番号だけでなく、親の職業まで記載されていました」

「親の職業ですか？　それは何のためですか？」

「子供たちだけでなく、親も学校の一員ということなんでしょう。家族や個人の情報は、仲間意識を育て、親しくなるためには、開示することが当たり前だった時代です」

「どんなふうに書かれていたんですか？」

「南山さん、そういうところに興味がありそうですね」

「はい、とっても」

「医者とか弁護士とか、自営業、大学教授などと書かれていましたね」

「サラリーマンとかもですか？」

「会社名などは記載していなかったと思いますよ」

有名な会社とか、大企業なのか中小企業なのか、興味があります」

「そうですね。そういう個人的な興味が個人情報の開示を問題にするんでしょう」

「……」

「個人情報を独占することに対して、世界が問題視し始めました。個人情報の重要性に気づき、これを独占することを善としない、世界が情報を独占する企業を規制しようとしています。グーグル、アマゾン、フェイスブック、そしてアップルは、その頭文字をとってGAFAと称される巨人です。これまで無視されてきたような情報が、技術進歩によって価値を生み出し、企業を巨人に成長させたわけですが、そうした企業も、情報の扱い方に神経を使わねばならなくなった。国際的な包囲網で情報の独占を問題視しています。そういう私の情報もアマゾンやアップルに握られています。

ちなみに南山さん、カジノなどはどう思いますか？」

「カジノですか。ギャンブルですね。私はやったことありません」

「賭け事に対する嫌悪感はありますね。猛反対する人もいますね。私も賭け事はしませんし、好きではありません。でも、競馬や競輪、競艇なども賭け事であり、公営ギャンブルです。パチンコも景品があるということで、賭け事ですね。日本人の多くは、ギャンブル好きなのかもしれません。ロト6や宝くじは、どう思いますか？」

「賭け事は良くないと思いますが、宝くじも賭け事なんですか？」

「宝くじも、もちろん賭け事ですよ。あまり悪いイメージを持たれていないかもしれませんね。それも価値観の形成です。でも、賭け事を良くないと思うのはなぜですか？」

「ギャンブル依存症など、家庭や社会をダメにしちゃうような気がします」

「そうですね。でも、何でも依存症になったら、ダメでしょう。給与の全額を宝くじに投資したら、家庭生活は維持できないでしょう。ゲーム依存で、アイテム欲しさに課金を繰り返す人、ブランド品を集めたくて、高額な商品を買い集めてしまう人、その他、趣味にお金をつぎ込んでしまう人など、ギャンブルのみならず、家族崩壊につながるかもしれません。

むしろ、カジノなどは、社会が注目し、監視することで、さまざまな弊害が取り除かれるかもしれません。ギャンブルを暴力団の資金源にしないためには、地下から地上に出すのも1つの方法かもしれません。アメリカの禁酒法の時代には、違法な酒類の製造販売で、マフィアのアルカポネが暗躍したんですよね。禁酒法がマフィアを繁栄させたというのは皮肉ですよね」

「でも、賭け事って何となくイメージが悪いですね」

「イメージが悪いのは、賭け事が基本的にはゼロサムだからでしょう。勝つ人は負ける人がたくさんいると儲かります。宝くじは、ほとんどの人が負けるので、魅力的な賞金になる。

負ける人が少なければ、勝っても儲からない。そして、勝ち負けの結果、何かが生産されるわけではありません。生活に資する財・サービスは増えないのです」

「やっぱり、あまり良いことのようには思えません」

「そうかもしれません。社会的な価値観とは、そういうイメージで形成されます。ただ、お金は回るので、財・サービスの生産が満足できる水準に達していれば、景気を良くする効果があると思います」

「カジノは景気を良くするんですか?」

「南山さんは、賭け事で10万円儲けたときと、一生懸命働いて10万円を稼いだ時と比べて、消費の仕方に変化はありませんか?」

「そういうことですね。賭け事で儲かったら、パァッと使っちゃいそうです」

「ただ所得が移転するだけではないですよね。消費が増えてしまう。賭け事に投じたお金の一部は、そこで働く従業員の給与にもなります。

ただし、景気浮揚策になるからといって、カジノ経営が成功するとは限りません。むしろ、難しいかもしれません。世界の金持ちがカジノの顧客であるとして、わざわざ日本のカジノに来る意味があるのか? グローバル市場を想定すると、カジノは事業としては飽和状態かもしれません。そうした事業に、かなり遅れて参入するわけです。ノウハウを持つ日本人の経営者も、少ないでしょう。

でも、ここで問題にしているのは、成功するか否かではありません。賭博を不健全とみなして、はじめから思考停止状態になり、経営問題を考えないということです。賭博が不健全であるとみなすのは価値観です。

「不健全という価値判断はいけないのですか？」

「不健全と決めつけてしまうと、選択機会を狭めることになります。テーマパークを楽しむことは、不健全とは言いませんね。そこで働く人も、やりがいを持って働いています。ディズニーランドなどは、健全なイメージを持ったレジャー産業です。楽しみ方は、個々人によって異なります。テーマパーク依存症になって、家庭崩壊となるような事例は少ないでしょう。しかし、テーマパークも、競輪や競馬と同じく、消費財の生産を増やしません。テーマパークに支出する1万円と、競輪や競馬に1万円を使うことに、どのような違いがあるのでしょう。

不健全なお金の使い方であるとか、不健全なビジネスであるという烙印は、働く人の環境としても好ましくないでしょう。社会的な価値観は、その仕事を育成すべきか否かを決めます。資源配分に影響します。〝環境を破壊する会社や不祥事を繰り返す会社には、資源を配分すべきではない〟という社会的価値形成は重要です。しかし、情報を収集することなく、〝不健全なビジネス〟として決めつけるのは、異なる価値観を容認しない危険な姿勢です。
それは相互の知識の交流を阻害するのです。念のために言っておきますが、私はカジノは反対ですよ」

■価値観と経営学

「価値観についてては、これまでも何度か伺っているのですが、経営学は社会の価値観に影響を受けるということですね」

「そうですね。価値観は人間の社会では非常に重要な要素です。自然現象には人間の主観的価値観が反映しませんが、研究者は人間社会の価値観とは無縁ではありません。研究者の価値観は、意識するか否かは別にして、自然科学のテーマでさえも決めています」

「研究テーマに価値観が反映しているということですか?」

「そうですね。自然科学の研究をするにも、社会的な所得制約があります。社会的規範により研究が序列化しているのです。基礎研究にしても、応用研究にしても、〝何を研究すべきか〟というテーマの序列は社会的な価値観によって決まります。

社会科学は、自然科学以上に道徳科学ですから、〝あるべき姿〟が想定され、これに向けた施策がモデルに組み込まれます。生命工学のような医学分野では、生命倫理などが問題になりますね。〝人間の尊厳とは、こうあるべき〟というような価値観が、研究の範囲などに制限を加えていますね。

これと同じような意味で、経営学に価値観がかかわるとすれば、人間の尊厳にかかわるような問題を経営学でどのように扱うかということかもしれません」

「生命倫理のようなものですか?」

「そうですね。〝臓器売買の経営学〟とか〝違法ドラッグの販売方法〟〝売春と買春の経営学〟などは、研究者として取り組むべき課題ではないでしょう。

もちろん、価値観は時代によって変化しますから、絶対的なものではありません。人工臓器の製造や販売は経営学の対象となるでしょうし、大麻が合法化した地域では、その生産管理や販売方法などが研究テーマになりうるでしょう」

「〝大麻の経営学〟ですか。なんだか売れそうなテーマですね」

「それは、出版社の視点でしょう。犯罪の臭いがするので、興味をそそるかもしれませんが、合法化したらつまらないテーマになるかもしれません。もちろん、日本で合法化するとすれば、世界的に大麻が解禁された後でしょうね。観光客などとのトラブルが発生して、外国人から批判されるようにならないと大麻の解禁とはならないでしょう。黒船のような外圧がなければ、価値観を変えることはできないと思います。価値観とは、非常に根強いものです。社会の価値観は、起業可能な事業と起業できない事業を決めます。いまは、たばこの販売も大変ですね。喫煙者は、社会から排除されています。健康に与える影響を誰もが意識するようになったからです。喫煙者が病気になっても、自己責任ではすみません。社会保険料は、その分だけ増えることになります」

メグミは、改めて起業活動が社会的活動であることを認識した。起業活動は、社会に必要とされる財・サービスを生産するという意味で社会的だけど、それだけでなく、社会的価値観に基づく活動であることがわかった。

「先生、価値観は正しいか否かを判断できないんですよね」

「そうですね。何が正しいのかは、主観的な問題ですが、法治国家では法律が正しいか否かを決定します」

「法律なんですね」

「そうです。ただし、法律で決まる正義も絶対ではありません。グレーな法律もありますし、法律よりも社会の構成員が形成する倫理観によって、正しいか間違っているかを判断とされることも多いでしょう。これもすでに説明してありますよね」

メグミはどこで説明されたか思い出せなかった。

「〝ホームで電車を待つときには、並びましょう〟というのを法律で決める必要はないでしょう。正しいか否かは、法律のみではありませんが、法律は1つの基準となります。法律によって環境基準を決めれば、それをクリアすればよいという問題ではなくなります」

確か、投資家の運動のところで同じようなことを説明していたよね。そうだ、ESG投資だ。

「しかし、正義とか、社会的に正しいか否かは、真理か否かという問題ではありません。マックス・ウェーバーの価値自由は、〝あるべき姿〟は、人それぞれであるから、その主観的価値を他者に強制すべきではない。この価値観の問題については、棚上げしないと、真理を追究できないと考えました。

ウェーバーの少し後の時代になりますが、新古典派経済学の方法論を展開したライオネル・ロビンズは、価値判断を排除するため、目的自体を無視して、目的を達成する方法に着目しようとしました。希少な資源の配分に関する方法として、市場機能に絞り込んだ研究をすることになります。〝あるべき姿〟という価値判断は不問にして、これを解く方法に着目するわけです。でも、彼らの主張は、最も重要であるべき研究目的は、価値判断によって決まるということを意味しますね」

「経営学も社会科学ですから、基本的には、これと同じ問題を抱えているということでしょうか?」

「そうですね。ただし、経営学者の多くは、価値判断の議論をしています。〝利潤最大化〟や〝株主の富の最大化〟〝従業員重視〟は、いずれも〝すべき〟の議論を伴って研究をしている学者が多いでしょう。価値観を不問にすることは難しいのです。

経営者の意思決定は、経営者の価値観に基づく因果関係の連鎖です。経営者の価値観は、経営理念やビジョンに反映されるでしょう。実務家の要請は、こうした経営者の価値観を反映した経営組織と環境との相互の全体像を把握し、意思決定の材料となる選択肢とその結果を予測することです。

経営学者の研究は、経営者に寄り添わねばなりません。実務上の問題意識を有しない研究は、価値観と無縁の仮説を装うことができます。しかし、研究者の問題意識が、実務と無縁の科学的手法にこだわるとすれば、その仮説が正しく検証された場合であっても、社会的な価値はない。実務が要請する問いと研究成果の乖離です。

経営理論の認識対象は、研究者の主観的な価値判断に基づきます。そして、その仮説への関心は社会的規範からは逃れられません。逃れるとすれば、社会的に評価されない研究となります」

■人間を研究する経営学

「1990年代から2000年代の初めに、情報関連技術を有するアメリカ企業の株価が急騰しました。いわゆるITバブルです。最先端の技術を追求する起業活動も活発化しましたが、結果として生き残るのはわずかです。最先端の技術は、限られた少数の技術者が追求している技術ですね。それが注目されるときには、多くの技術者が一斉に参入を開始します。

同じように、最先端の経営学の理論も、最初は1人もしくは数人の研究者が始めた研究が注目を集めて、多くの研究者が類似の研究を始めます。しかし、似たり寄ったりの研究では、結果として忘れ去られてしまいます。社会的に価値のある研究となるのは、その研究の根底にある価値観が社会的に受け入れられ、環境変化に対して、その仮説が意味を持ち続けることが重要になります」

メグミも、社会が関心を持たない経営理論など意味がないと納得した。

「価値観が人間の抱く考え方や判断基準だとすれば、当然、時代的・地域的制約があります。これまで説明したように、環境が変われば、人々の価値観は変わります。そうなると仮説を検証するために繰り返しデータを検証しても、データの基本が人間の行動である以上、再現可能性は低下してしまうでしょう。

仮説が価値観に基づいて構築されているとすれば、その仮説の持つ社会的意義や検証には生モノのような賞味期限あるいは消費期限があるわけです。

環境の変化が速ければ、仮説は短命化します。結果として、研究者は、仮説をたくさん作らねばなりません。価値観は国により異なるし、時代によって異なるので、多様な価値観に基づく仮説は、消費期限付き、地域限定的なサンプルで検証されることになります。そうなると、検証すべきサンプルも曖昧になり、多くの似非理論も生まれるかもしれません。マネジメント・ジャングルは、さらに多くの木々が増え続けることになります。

要するに、人間が経営するんです。ですから人間を理解できなければいけません」

「自然を対象とするようにはいかないということですね」

「そうです。質的な問題を測定可能な客観的数値にできれば、テーラーの科学的管理法のようなモデルができます。しかし、やはり人間ですから、機械のようなモデルにはなりません。コーポレート・ファイナンスなどの分野は、資金の流れを研究対象とします。人間が関与しないように感じますよね。でも、魅力的な経営者や魅力的な組織を投資家という人間が評価しているのです。魅力的な人がいるところに、資本が集まる。そして、資本が集まるところに人が集う。

利子率やリスクの評価も、極めて人間的です。現在と将来を比較する行為は、時間選好です。これはアリとキリギリスの問題でもあります。リスクは回避したいという人間心理があります。そのために、有限責任制や譲渡自由な株式制度、分散投資が可能な証券市場の制度が作られました。人間の気持ちとか行動を前提として、制度が生まれ、その制度の中で観察可能な数値に置き換えて分析しているということです。

人間を対象とする経営学では、成功した経営者に注目する研究もあります。伝説となるような経営者の研究は、過去の資料を発掘して描かれます。ただ、さまざまな偉人が小説や伝記となって登場しますが、本人が書いた自伝でないかぎり、本人はどのように思っているでしょうね」

私の太宰治の研究だ。メグミは、再び自分の研究と向き合うことになった。私はもうすぐ30も半ばすぎというのに、いつも自分自身がわからない。これからも環境が変化する中で、自分がどのように考え、行動するかが予測できないし、きわめて不確実性の中で生きている。自分がわからないまま、環境が変化する中で意思決定し、昨日と違う私になる。第三者が客観的に捉えるときと同じように、自分自身を知るのは難しい。

法人化された企業も、トップは人間であり、自然人が意思決定をしているから、会社も同じだよね。エクセレントカンパニーと思われる時もあれば、不祥事を起こしたブラック企業と認定されることもある。事業を評価するということは、結局は人間の評価ということかな。

「経営学は、経営者の主観的な経験を語るものではありません。自分自身で語る自叙伝的な会社経営は、特殊な環境下における特殊な事例であることを認識しなければなりません。少なくとも、脚光を浴びた経営者が語る経営は、その時代の平均値や中央値にある経営ではありません。閃きの話で説明したように、イノベーションは、外れ値であるからこそ注目されたわけです。一方で、反対の外れ値にある経営もあります。その多くがあっという間に消えているわけです」

人間の研究なのに、経営者の個人的な経験では経営学にはならないということ？

「経営学の仮説が、理論モデルとなり、1つの共通言語を作るとすれば、ある種の平均、中央値、標準を模索することでしたね。つまり、経営学の概念は、標準化した意思決定や行動です。ですから、経営学を知っても、出し抜くことはできません。何しろ、平均や中央値ですから、みんなやっていることです。当然、経営学から大成功のヒントは得られないでしょう。このことはすでにお話ししましたよね」

「経営学を学んでも利益を稼げないということですね」

「まあ、そうです。成功した経営者の自叙伝を読んでも、環境が異なれば模倣する意味はありません。経営学者が、モデルとすべき経営者を研究するのは、こうした平均値との違いを見るためです。経営者自身が意識していない意思決定や行動を多くの経営者の意思決定や行動と相対化させ、学ぶべきことを抽出し、優れた経営を平均値や中央値にすることに目的があります。フォードが実践した自動車の生産方法は、多くの製造メーカーが模倣した。平均値が変わったわけです。トヨタのかんばん方式も、世界中の製造メーカーが導入しました。優れた経営者が優れていると評価されるのは、多くの実務家がその人の経営に倣い、これを標準的な経営とするからです」

「そうなると、新しい経営モデルが普及するまで、経営学は作れないということですか？」

「基本的にはその通りです。先日、アイリスオーヤマの会長の話を聞くチャンスがありました。私は、テレビコマーシャルで知る程度で、特別な関心は持っていませんでした。養殖用ブイの開発から始まり、ガーデニング用品、ペット用品、クリア収納ケースなどの開発と販売をしていたようです。その会社が、突然、家電事業に参入して、低価格のＬＥＤ電球、炊飯器、家電製品全般の製品開発と販売を始めました。パナソニックや東芝、日立などのそうそうたる家電メーカーの牙城に参入してきたわけです。ちょっとびっくりですね。最初は、〝安物で勝負するのか〟と考えました。

しかし、実態はまったく違ったのです。成功には合理的で納得のいく秘訣がありました。その事業戦略は、仮説検証できるような理論モデルにはなりません。しかし、平均的な経営モデルが存在していることで、その違いを認識できるのです。それは、経営者が何を考えて、どのように行動したのかを知ることで理解できます。社会科学というよりは、人文科学的研究、文学ですね」

「文学ですか。私の太宰研究と似ているのですか？」

「特定の経営者を相対化させて、自分の経営を考えさせる。経営学によって、経営者個人の優れた点が浮き彫りになるということです。しかも、客観的な数値に置き換えるようなことも可能です。先ほどお話ししたように、上場している株式会社では、この魅力のある経営の価値を多数の投資家が評価し、企業価値に反映することになります。株式市場の資産価格、つまり株価になるわけです。上場していない株式会社でも、市場理論を援用することで、その企業価値を評価することができます。人間の質的な側面が株価という数値に置き換えられ客観的な議論になります。この方法は、自然科学的な方法に近づきます。

市場と人間が結びつく。そこには市場理論と実務との接点があります。実務との接点がなくなれば、経営学は社会にとって資源を無駄にしている研究となりますね」

「少し難しいですね。でも、経営学が方法論も含めて、多様なアプローチが必要であることはわかります」

「頭の使い方が、多様なんですね。ですから、経営学は標準的で制度化できるような教科書ができないのです」

メグミは頷いた。

「疲れたでしょう。午後は授業もあるので、そろそろ終わりにしましょう」

「はい、ありがとうございました。とっても疲れました。でも少しだけ経営学のことがわかったような気がしています。すぐに忘れそうですけど…」

メグミは、教授に挨拶して帰ろうとしたが、

「南山さん、ちょっと待って」

教授は書棚から1冊の本を取り出した。教授の書いた本だが、うちの本ではないみたい。

「ちょっと読んでみてください。経営学のイメージを形成するための本です」

「はい。ありがとうございます。でも、難しそうですね。経営学の歴史…ですか?」

「そうです。歴史を見ることは、その中で生活する人を知ることです。今の大企業の経営者の多くは、若くても50代、また70代の人もいます。彼らが生きてきた時代を知ることは、彼らの経営観を知ることにつながります。高度経済成長期を経験している経営者、バブルとその崩壊を経験した経営者。それぞれ今の経営者の意思決定に影響を与えています」

メグミは、タイトルを見ながら、ちょっと眩暈《めまい》がした。このジャンルの本は、自分で買ったためしがないし、読んだ覚えもない。うちの会社の本でさえ、文章上の間違いをチェック

するだけだ。でも、もう避けていられない。何しろ、社会科学系の出版社に入社し、経営学の新書を出さなくちゃいけないから。経営者を知り、経営学を理解するためには、読まなくちゃ！

メグミは、帰りの電車の中でさっそく読んでみた。数日前までは、苦手だったジャンルの本。何の興味もわかなかったけど、目次を読むと、少しだけ目を通してみようという気になった。そして、意外なことに、結構読める。この3日間の成果なのかもしれないな。

教授から渡された本は、経営学というより、日本の企業の変遷が書かれた経済史のような本だった。

メグミは、本の内容とおじいちゃんや両親の働き方を照らし合わせながら、読み進めた。経済学や経営学などは、いずれも歴史的な理解なしには理解できないし、その当時の社会をイメージすることで、初めて抽象化の意味がわかるんだったよね。経営学を理解するには、それぞれの時代の企業組織の中を観察する必要があるのだと思った。やだ、私ってやればできる。

少し自信のついたメグミが笑っていた。

メグミのメモ（まとめ）

①起業・イノベーション

- 新規事業は一種の閃きなので，イノベーションを予期して，その特徴を説明する経営学の理論はない
- 起業家の活動は，リスクではなく，確立分布さえも把握できない不確実性の概念が求められる

②価値観

- 社会的な価値観は重要だが，情報を収集することなく思考停止状態になると選択機会を狭めることになる
- 研究者の問題意識が，経営者の価値観と無縁の科学的手法にこだわるなら，その仮説が正しく検証されても，社会的な価値はない

③人間を研究する経営学

- 優れた経営者が評価されるのは，平均的な経営モデルが存在していることで，その違いを認識できるから
- 魅力のある経営の価値を多数の投資家が評価することで，人間の質的な側面が株価という数値に置き換えられ，客観的な議論が可能になる

第13章　日本の経営を考える

■高度経済成長

おじいちゃんの経験した日本の高度経済成長期だけど、それは日本だけではなく、近年のアジア諸国に共通した内容を持っている。昨日、教授は、企業の経営を知るには、それぞれの時代を知る必要があると1冊の本を渡してくれた。私は、自分の家族の歴史を日本の経済の歴史の中で捉えようとした。

おじいちゃんの時代は、第二次世界大戦が終わり、戦後の復興期に入る。軍需産業に投入されていた資源は、ことごとく破壊されたが、生活のための生産は、すでに戦時体制下で犠牲にされていた。生産手段としての資本はぼろぼろの状態だったと思う。

それだけではない。多くの人が命を落とした。これから生産活動を担う子供や若者たち、子育てをしていた女性などである。戦死した人だけではない。東京大空襲や長崎と広島に落とされた原爆は軍人だけが犠牲になったわけではない。軍需産業に従事していた人だけでなく、生産活動を担う熟練の技術者や製品開発を担う人材、経理や人事の経験者、営業ノウハウを持つ人材など、企業組織に従事していた多くの人命が失われた。会社組織は、役割分担された1人が欠けても機能しない。つまり、ゼロからの会社経営を迫られた時代なんだ。

2011年の東日本大震災からの復興は、戦後復興と似ているのかもしれない。地震と津波で、多くの人が犠牲になり、家が流され、工場やお店もなくなった。復興しようとするけど、生産を担っていた技術者や商売仲間が亡くなった。いつものような仕事ができなくなる。当たり前のような生活を一から作り直すのは大変。私だったら、ただ呆然とするだけかもしれない。

きっと、戦後の日本は、国中が同じような状況だったのかもしれない。生活物資がなければ、生活は貧しい。衣食住などの消費財の生産のために、限られた希少な資源を使わねばならない。

しかし、一方で、その日暮らしの生活になっては困る。生産手段を復興するために、投資をしなければ、日本の将来はない。

つまり、家庭生活には直結しない石炭や電力、製鉄や造船などの基幹産業を育成しなければならないということ。こうした資本が蓄積されなければ、将来の消費財生産を増やすことができない。

国民には、我慢を強いながら、基幹産業の育成のために資源を回すことになった。限られた労働力と資源を消費財の生産ではなく、機械やエネルギー、素材産業に回した。若い頃のおじいちゃんは、まだまだ機械設備が不十分な状態で、労働力に頼る生産活動に従事していたんだ。

東京に出たばかりのおじいちゃんの生活は、貧しかっただろう。消費財の生産を犠牲にして、基幹産業を育成していた時代。人も機械も限られた状態で、国内総生産物（GDP）を石炭や製鉄の生産に割り振っていた。それは、欲しい消費財を生産させず、無理やり品不足にすることだった。

食べるのがやっとの時代に、今日の生産活動を犠牲にして明日の生産活動を優先させる。貯蓄の強制と同じである。銀行は、国民1人ひとりのわずかな貯蓄を集めて、これを国策によって基幹産業に投資していった。

人々は、豊かさを求めて、一生懸命に働く。長時間労働にも文句を言うことはない。土曜日も午前中は仕事であり、休みは日曜日だけである。みんな、それが当たり前であった。現代的に言えば、社会全体がブラック企業だ。根性で生活するということなのかな。

仕事と休日は機会選択。当時は、働いても、働いても、次から次に欲しいモノが現れる。モノへの欲求は、休暇を取るより強かった。でも豊かになれば、休みを選択できるようになる。国民の祝日が増え、その振替休日も休みを増やしてくれた。

■銀行の役割と株式相互持合い

みんなが貧しい時代。どの家庭も貯蓄なんかできない。おじいちゃんは、給与を封筒に入れて持ち帰ったと聞いた。給与をおばあちゃんに届けるときだけは、ちょっと威張ることができたって。給与が口座に振り込まれるようになると、働く父親の家庭内地位は低下し、預金口座を管理する母親の地位が高くなった。高度経済成長期は、専業主婦の地位を高めた時代でもあったんだ。

銀行は、こういう零細な貯蓄をかき集めて、企業に融資する。預金を集めるのが銀行員の主要な業務だ。企業は、資本さえ調達できれば成長することができた。誰もが、欲しいモノを認識しており、作れば売れる時代。景気が良いというのは、こういう状態のこと。モノ不足を解消するために、工場や店舗、機械設備を作り、商品を生産すれば売れる。企業は利益を再投資し、規模を拡大していった。

高度経済成長期というのは、基本的にモノ不足の時代、質より量の時代。〝大きいことは良いことだ〟というチョコレートのコマーシャルがテレビから流れていた。もちろん、私は聞いたことがない。おばあちゃんから聞いた話だ。昭和43年、1968年の森永製菓のコマーシャルだ。お母さんが3歳の頃だ。重厚長大が社会の求める方向だった。〝コト消費〟など思いもよらない時代。

作れば売れる時代は、機械設備や工場の規模が強さの象徴だ。企業は強さを求めて、銀行の機嫌をとる。銀行が企業を支配した時代。父方のおじいちゃんは、お父さんが都市銀行に就職を決めた時、大喜びだったようだ。でも、いまやメガバンクもリストラを実施したり、情報化投資に青息吐息、必死に生き残り策を講じている。

この当時、株式会社でも株主は大事にされなかった。なぜなら、株主といっても、お金を持っていない。お金を出さない株主を重視することはない。

戦争で疲弊した国家に、株主になれるお金持ちがいなかった。戦争責任を追及された財閥は1945年の終戦直後に解体され、財閥の株式は従業員やその他の個人投資家に譲渡される。そのため、個人株主比率は70％近くに達したらしい。

でも、工場や機械設備は、戦争によって破壊され、人材もいない。食べるのにやっとの時代。そんなとき、会社の株式に魅力を感じるだろうか。配当を受け取る権利があっても、そもそも配当を期待できない。個人株主の多くは、売れるものは何でも売り、生活の足しにしたのだろう。個人株主は、どんどん減るわけだ。豊かになった今でも、個人の持ち株比率は20％を下回っている。

個人株主が旧財閥株を売却する中で、株を買い占める乗っ取り屋（グリーンメーラーと呼ぶらしい）が暗躍する。乗っ取り屋の目的は、会社の経営ではない。買い占めた株を高値で会社に買わせようとした。旧財閥グループは、しぶしぶこれを引き受けることになる。法律も、こうした動きを追認するように改正され、旧財閥企業間で株式相互持合いが可能になる。株をめぐる支配権の奪い合いという歴史小説みたい。乗っ取り屋と経営者の攻防は、密室の会議での株をめぐる売買交渉かもしれない。

株式相互持合いは、安定株主工作などとも呼ばれ、敵対的買収行為を防衛する手段となった。旧財閥の中心的存在である銀行が中心となって、グループの株を持ち合うわけだ。そうした株式相互持合いは、グループ会社や集団的な取引関係の構築に寄与し、企業間の信頼関係の構築に役立つことになる。

株の持合いと言っても、経営者同士でスクラムを組むわけだ。仲間を集めて、仲良しグループで経営を行う。市場の価格競争というイメージとはかなり違ったイメージ。

メグミは、本を読みながら素朴な疑問を持っていた。株式を持ち合わないと経営者同士は信頼関係を築けなかったの？　信頼っていうのは、もっと人間的な関係性ではないの？　なぜ会社を守るの？　乗っ取りや敵対的買収というのは、誰から何を乗っ取るの？　誰に敵対しているの？　乗っ取り屋が乗っ取りに成功したら、どうなるの？　買収された企業の経営者か更迭されると、企業価値は上がるのかな、下がるのかな？　もし下がってしまったら、乗っ取り屋の投資資金は回収できないよね。

だとすると、乗っ取り屋は、株価を高めるように行動するはず。会社が株を高値で買い取ってくれなければ、優秀な経営者を探してこなければならない。これって、株主にとっては大歓迎のはず。ダメ経営者を優秀な経営者に交代させる。現在の経営者の経営能力を評価し、ダメ経営であれば経営者に敵対する。教授の渡してくれた本は、メグミの想像力を刺激して、物語を楽しむことができる。

１９６７年（昭和42年）にＯＥＣＤに加盟すると、資本取引の自由化を迫られることになる。ＯＥＣＤは、ヨーロッパや北米が中心となって設立された経済協力開発機構。資本自由化の波が押し寄せ、外資に乗っ取られるのを防ぐ目的もあって、株式相互持合いは、さらに進むことになる。

資本が不足しているのに、外国人の資本は警戒した。お金は誰のお金も同じだけど、株式の持ち主は経営者を選任する権利を有する。日本の経営者は、自分たちの城を守るために、株式相互持合いという高い石垣を築いたのかな。議決権を握る持合い企業が、外国人経営者を排除したのは確かなようだ。

持合いの中心にある銀行にとっても、外資による乗っ取りは、銀行の支配権と利益の源泉を失う。外資がお金を注入するのだから、銀行融資はいらない。借入の需要が減ってしまう。もしそうなら、銀行としては、何としても阻まないといけない。

株式の相互持合いは、企業間のお金のやり取りで、家計の貯蓄が流入しているわけではない。A社がB社の株を買い、B社がC社の株を買い、C社がA社の株を買う。株とお金は、A社、B社、C社の間でぐるぐる回るだけだ。教授の本によれば、株式相互持合いは、単なる防衛のための戦術に過ぎない。

家計は直接、株式投資をしない。だけど、実質的な資金は、家計が預けた銀行預金ということになる。銀行が株式会社を支えるが、相互持合いは銀行の利益源泉でもあったわけだ。

■銀行が大企業と中小企業の格差を生む

銀行融資で規模を拡大することが会社を強くする。これは、現代とは異なる。いまや大量に生産して価格を下げても、売れないモノは売れない。モノ余りだから仕方ない。他社と異なる魅力的な製品を作らなければならない。でも、差別化した商品は、売れるか否かがわからない。質の異なる商品は、過去のデータが参考にならない。成功すればイノベーションと言われるが、失敗することが多い。リスクが大きいということ。

でも、高度経済成長期は、欧米の商品を模倣し、これを低価格で売れば儲かった時代。モノ不足とはそういうこと。フォード自動車の戦略そのもの。家電製品も、自動車も、住宅も、作れば売れる。欧米に追い付け追い越せが目的なので、資本を調達できれば、企業経営は上手くいく。経営者の能力は、銀行からお金を調達できる能力で評価される。

欧米を模倣するキャッチアップ経営は、商品開発のリスクが小さかった。だから、銀行は、お金さえ集まれば、どんどん貸すことができた。でも、貸出先としては大企業が優先された。大企業の利益は、景気が悪化してもあまり変動せず、貸し倒れの心配が少ないから。

大企業は、景気変動により、中小企業への注文を調節する。景気が悪化すれば、中小企業への注文を減らす。自社で生産していたら、売上が減っても従業員の給与を払わなくちゃいけない。一方、中小企業は、景気の悪化により従業員の給与を払えなくなる。借入金の利息が払えなくなる。最悪の場合は倒産だ。だから、銀行は、倒産の危険がある中小企業への貸出は後回しにする。大企業は中小企業を景気の調節弁としていた。

メグミは、中小企業が倒産するドラマのシーンを思い出していた。大企業からの注文が突然ストップし、従業員の給与も支払えなくなる。その情報が取引先企業に伝わると、商品の納品を断られる。そして、首が回らなくなり、銀行からのわずかな借金が返済できなくなって倒産する。債権者が押し寄せ、社長の責任が追及される。一家で夜逃げするなどの不幸な結果になる。

大企業は、資本調達が有利なために、機械設備を大規模化し、資本集約的な生産活動を行う。従業員は、資本に対して相対的に少ない。それに対し、資本調達が難しい中小企業は、人を中心とした労働集約型の生産活動に特化する。景気が悪化すると、大企業の従業員は雇用を守れるが、中小企業は失業者を出すことになる。

この仕組みは、高度経済成長期が終了した後も続いていた。作れば売れる時代に、大企業の規模は順調に拡大し、株価も順調に上昇した。相互に持ち合う株式の株価上昇で、これを所有する会社の株価も上昇するという好循環が生まれる。個人株主は、株主総会での発言権をいいかげんに扱われても、文句を言う必要がないほど株価が上昇していた。

でも、何かおかしい。大企業の利益や従業員の雇用を守るために、中小企業が犠牲になる。どこか理不尽だけど、私はそれ以上のことを考えることができなかった。

中小企業で働いたおじいちゃんは、景気悪化時に、賞与や給与のカットがあったようだ。幸いにして、解雇はなかったようだけど、取引先の中小企業の従業員は、解雇された人もいたようだ。

そもそも、銀行の融資は、元本の返済と約定利息しか受け取れない。しかも、金融機関を保護する国の政策により、銀行にはほとんど自由裁量権がない。金利が規制されているため、リスクのある企業への融資はできない。大企業を優遇するのは、銀行にとって合理的であり、中小企業への貸出は不合理だった。

こうした銀行の姿勢は、政府によるがんじがらめの規制の結果だったけど、それが大企業と中小企業の格差をもたらすことにつながった。しかも、政府による規制は、銀行経営のノウハウを蓄積させなかった。

キャッチアップが終焉した後、経営ノウハウを持たない銀行は、同じ経営モデルを維持したままで、世界に市場を求めるようになる。でも、経営ノウハウを持たなかった銀行は、90年初めのバブル崩壊後に、破綻の危機を迎えることになる。

私は考えてみた。銀行の経営者に、経営学は必要なかったのではないか。箸の上げ下ろしまで監視され、指導されている経営に、学問は必要とされない。学問は、視野を広げ、選択肢を増やし、そこから選び出す自由を謳歌するためのもの。

■高度経済成長期の終焉

高度経済成長の終焉は、キャッチアップという目的の達成だった。70年代には、ニクソン・ショックや2回の石油ショックがある。ニクソン・ショックというのは、米国のニクソン大統領が、71年にドルと金の交換を止めると宣言したこと。ベトナム戦争で支出がかさみ、交換する金が不足してしまったようだ。これは固定相場制を止めるという宣言と同じだと書いてある。1ドルが360円で固定していた為替レートでは、アメリカの貿易収支が悪化し、金との交換ができなくなったようだ。

この時代だと120万円の自動車を輸出しても、アメリカでは約3,333ドルで販売できちゃう。ちなみに、1ドル240円に上昇すれば5,000ドル、1ドル120円で1万ドルになる。3,333ドルだったら、飛ぶように売れるはずだ。アメリカが貿易収支で赤字になるのは納得できる。だから、変動為替になるのは当然だろう。円高が進み、日本からの輸出に急ブレーキがかかる。

加えて、73年には第一次石油ショックが起こる。第四次中東戦争が契機となって、石油の減産により石油価格が高騰してしまう。石油は、あらゆる生産活動に必要なエネルギー源であり、同時に、さまざまな原料に加工される。石油供給が減れば、当然、世界中の生産物が減少し、物価が上昇することになる。インフレだ。日本は、平均して10%台だった実質GNPがマイナスになってしまう。

このころは、国内総生産物（GDP）ではなく、国民総生産物（GNP）だったらしい。ネットで検索すると、国内の生産物か国民の生産物の違いのようだ。当時は、ほとんどが国内で生産活動をしていたから、日本人の所得といえば、国内も海外もなかった。

　現在は、日本国内の景況感を知るには、海外で稼ぐ企業の所得は除外した方が良いという。だからGDPが一般的になっているようだ。もちろん、日本の経済力は、海外進出している企業の所得を考慮しなくちゃいけない。そのためには国民総所得（GNI）が使われる。居住者が国内外で稼いだ所得のこと。あまり意識したことがないけど、こういう指標も時代を反映して変化しているようだ。同じGDPでも、計算方法が変化しているというから驚きだ。

　みんなが節約を求められ、企業は生き残りをかけてコストを切り詰める。おばあちゃんは、トイレットペーパーがなくなるという噂を聞いて、大慌てでスーパーに買いに行ったと聞いた。ハイパーインフレの国では、お札よりトイレットペーパーの方が高いので、お札でお尻を拭いたりした事例があるとか。

　79年には、イラン革命を引き金に、第二次石油ショックが起こり、日本経済は大きな打撃を受けている。豊かさを取り戻しつつあった日本経済は、急降下した。日本は、高度経済成長が終わり、安定成長期に入る。安定成長と言うと聞こえは良いが、要は所得が伸びなくなったということ。停滞の時代。

　停滞が停滞を生む負のスパイラル。節約が美徳という意識は、不景気になると広まってしまう。30代になったお祖父ちゃんたちの生活にも、ブレーキがかかっただろう。お母さんが小学生から中学生の頃。義務教育なので、子供の教育費を心配することはなかったかもしれないけど、給与が伸びなくなると、ローンを組んで高額な商品を買う気にはなれない。おじいちゃんたちの生活も、変化がなくなり、安定することになる。給与の伸びが期待できない代わりに、ある程度の将来予測が可能になる。それは、大きな夢や希望が持てなくなることでもあり、あまり面白いことではないかもしれない。

それでも、エズラ・ヴォーゲルは、『ジャパン・アズ・ナンバーワン』（1979）で従業員重視型の日本的経営を称賛していたらしい。私は、その評価を正しいとは思わない。お父さんは、自分の勤める銀行を愛していたとは思えない。仕事にやりがいを感じていたのなら、早期退職などしなかっただろう。銀行は、必ずしも、行員を大事にしてはいなかったのかもしれない。お父さんは、銀行員時代の話をしたことがない。だから、本当のところはわからない。

■円高による日本的経営への影響

80年代後半になると、円高が進み、1ドルは200円前後から90年には145円、95年には一時70円台の円高を記録している。円高の功罪は、本を読んでも書いていなかった。後日、教授に聞くと、簡単に説明してくれた。

円高は、日本企業の輸出競争力を低下させる。しかし、輸出が減るだけでなく、海外企業からの配当金も円に転換すると目減りする。そのため、輸出中心の大企業や海外に進出した日本の企業にとっては向かい風となり、株価が下がる。

でも、一方で、円高は、海外からの輸入品を安く買える。消費者にとってはありがたいことなのだ。生活は、それだけ楽になり、豊かになる。国内でサービスを提供する飲食店や輸入原材料で製造するようなメーカーには、決して悪いことではない。むしろ、歓迎すべきこと。

おじいちゃんが東京に出てきた頃は、牛肉はすごく高かったと聞いた。スーパーで牛肉を買えるようになったのは、お母さんが生まれる頃。それでも、自宅ですき焼をするのは特別な日だけだったと聞いた。私たちは、食材の多くを海外から安く輸入できることで豊かな食生活を楽しんでいる。お寿司のネタも輸入品で助かる部分がある。

海外から、多くのモノを購入できるのは、日本人の労働力の価値が相対的に高くなるからだという。確かに、1ドル＝200円の時にアメリカから購入するアメリカの牛肉は、1ドル＝100円になると、倍の量が買える。時給1、000円の労働力が時給2、000円に上昇したのと同じ。円高になれば、これまで以上に豊かさを享受できる。

でも、そうなると、海外生産の方が安上がりになる。本には、「円高が進むことで、日本企業のグローバル化を加速化させる」と書いてあった。そういうことだったのか。90年頃、アジア諸国の賃金は日本の1／3から1／20という状況だったらしい。日本でしか生産できないという特殊な製品以外は海外生産を選択することになる。

80年代後半、円高により国内の産業は、次々に海外に移転し、国内産業は空洞化した。企業は国内投資を控えることとなり、銀行からの借入が必要なくなってくる。そもそも魅力的投資先がなくなるということは、モノ不足が解消しているためだ。高度成長期には、回収した資金以上の投資が続いた。工場を建設すると、その回収資金に銀行からの借入を加えて、さらに規模の大きな工場に投資する。

高度経済成長期の企業は、現金の収入以上に支出が必要になり、企業は慢性的に現金不足の状態だった。教授は、こうした状態を成長と呼んだ。停滞は、収入が支出を上回る状態だ。国内への投資先がなくなることで、投資の回収資金は銀行借入の返済に回されることになる。銀行の支配力は、徐々に、そして確実に低下していったらしい。

銀行の支配力低下は、銀行を中心とした株式相互持合いを解消させていく。国内の系列取引は、円高により見直しを迫られ、国内工場から海外工場との取引が求められるようになる。標準的製品の国内製造は合理的ではなくなった。中小企業は大企業とともに海外移転を迫られる。

低賃金を求める大企業は多国籍化を進め、大企業を頂点とする下請けや孫請けのピラミッド構造が崩壊し始める。産業空洞化が叫ばれるのは当然だった。海外企業との取引が増え、国内グループ企業による系列取引が形骸化する。そうなれば、株式相互持合いの意義も失われる。

邦銀も企業とともに海外進出をすることになる。資本自由化により、大手企業の資本調達は国内金融機関の借入のみならず、グローバルな金融資本市場の調達が選択肢に入る。その結果、国内の銀行を規制してきた日本の金融行政も変革を迫られることになる。銀行や金融市場を規制しても、企業は自由な海外の金融市場から資本調達ができる。

バブルが崩壊した後になるけど、96年から2001年にかけて行われた日本版金融ビッグバンによって護送船団方式の金融行政は、自由な市場取引に委ねられることになる。これは少し遅すぎた規制緩和だった。資源配分は、政府が主導した銀行による〝見える手〟から市場の〝見えざる手〟に変化することになった。

キャッチアップ終了後、日本企業は、標準化した財・サービスの生産を賃金の安い海外生産に移管した。でも、海外生産では、終身雇用や年功序列賃金制度といった日本的経営は移植できず、グローバルな標準化した経営が要請された。

当然なのかな。日本的経営の仕組みは、日本の歴史の中の一時点で形成された特殊な事例なのだから。終戦直後、大企業も中小企業もない。例外なく資本の調達で苦労した時代。相対的に少ない資本で多くの労働者を雇用し、売上の増加とともに賃金が上昇する。年功序列賃金は、企業の成長と労働者の経験年数が同時進行していったのかもしれない。でも、経営者の頭の中は変わったのかな?

■日本的経営の矛盾が生んだバブル

企業別労働組合や年功序列賃金制度、そして終身雇用といった日本的経営は、そのどれもが画一的で集団志向的。同じ会社の労働者を守り、他社の労働者とは一線を画す企業別組合、同じ会社に勤める労働者を定年退職まで守る終身雇用制度、これらの仕組みにより、長期にわたって同じ人たちと仕事をすることになる。同じ目的を共有し、同じような働き方をする以上、能力差はつきにくい。同じ目的に邁進する企業経営であれば、個性はいらない。面白いアイデアは必要ない。イノベーションも期待しない。年功序列賃金は、個性や能力の差を無視して、一律に賃金を決める。とにかく、一致団結して、キャッチアップすることが重要だったのだから。

80年代後半までは、こうした日本的経営がうまく機能しているように見えた。日本経済は繁栄を謳歌した時期だ。企業は投資した資金を刈り取ることができたけど、多くの企業は過剰な資本を蓄積しており、魅力的投資機会を見つけることができなかった。その結果、資金は不動産や株式市場に流れ込み、土地と株価が高騰することになる。

カネ余りによるバブルの形成。その頃、お父さんは不動産会社への融資を積極的に行っていたという。土地があれば、どんな土地でも担保になり、行員は融資を競っていたという。国内のカネ余りは海外企業のM&Aにもつながった。

有名なところでは、1989年にソニーがコロンビアピクチャーズを買収した。同時期に、三菱地所は、クリスマスツリーが飾られるアメリカ人のシンボルとも言えるロックフェラーセンターの管理会社を買収した。90年には松下電器産業(現在のパナソニック)がユニバーサル映画などを傘下に持つMCAを買収した。

いずれも、バブル景気に浮かれたジャパンマネーがアメリカの魂を買いあさっていると反感を買った事例。富士山やスカイツリーが外国人に買収されたら日本人はどう感じるのだろう。カネ余りによる買収は、その多くが成功していない。経営ノウハウもなしに、企業を買収しても、うまくいくわけがない。

でも、ソニーは、自社の方向性を考えた買収だったようだ。カネが余っているから企業を買収するというのは、自分では経営を考えないということだ。現在のソニーは、この時期のM&Aが生かされている。

この頃、お父さんは、預金集めの仕事をしていなかった。給与は銀行の口座に振り込まれる。生活費があまれば銀行口座に残る。どの家庭も、自動的に貯蓄が増えていく。銀行は預金集めの仕事をすることなく、多くの預金を貸し出す仕事となった。

家計貯蓄は銀行に集まるけど、企業の海外移転も本格化している。そのため、企業への融資は、不動産と株式などの資産運用が中心となった。土地や株式といった資産価格が上昇し、不動産会社や金融関係に勤める人の給与が高くなり、人気を集めた。財やサービスの需要は増えなかったけど、資産価格の上昇により、財布のひもが緩み、多くの人々はバブル景気に酔ったらしい。

企業は、本業よりも金融資産の運用益が上回り、地上げ屋などが暗躍したのもこの時期。経営者は、慎重な機会選択をすることなく、銀行の言われるままにお金を借り、必要のない土地や株式に投資した。銀行の融資は、中小企業の工場の建設や機械設備にも向かった。低賃金の海外企業には勝ち目がなかったのだけど。

銀行の貸出しが止まるまで、企業は無駄な資産を膨らませてしまった。実体のない資産価格の高騰は、明らかに矛盾している。でも、誰も、それを口に出すことはなかった。それらの資産は、バブル崩壊後に処分されることになる。今度は、一転して債権を回収するための〝貸し剥がし〟だ。お父さんは、この時期のつらい記憶があるという。早期退職の原因は、このあたりにあるのかもしれない。

でも、早期退職は成功だったかもしれない。いま銀行の競争相手は変わった。仮想通貨との競争や中国のアリババやテンセント、日本ではセブン銀行などのコンビニ、ソフトバンクや楽天などがライバルとなった。企業の決済業務もＡＩが担う。融資は、貸出先の信用情報が重要だけど、こうした情報も銀行が独占できなくなった。銀行の融資業務がＡＩに代われば、銀行員の仕事は残るのだろうか。

■バブルは回避できなかったのか?

教授は、「バブルは、収益期待の有無にかかわらず、土地や株価を上昇させる」と定義していた。これは資産価格のメカニズムが正常に機能しない状態だという。土地や企業資産が将来収益を稼ぐのであれば、バブルにはならない。これは資本が利子を稼ぐのと同じだ。土地や機械設備などの資産を有効に利用できれば、バブルは起こらない。

土地を担保にした融資が、土地の購入に向かい、土地の価格を上昇させる。この高騰した土地がさらに貸出の担保になる。これでは収益予想など関係なさそうだ。

２００８年に起きたリーマンショックも同じようなメカニズムだったという。本来は住宅を持てないような人に、住宅購入の資金を貸し出す。サブプライムローンだ。購入する不動産が担保になるわけだから、銀行は返済不能になっても担保がある。しかも、この貸し出した債権を証券化して市場で売却する。銀行は債券の売却で資金を回収して、さらに返せそうもない人たちに住宅用資金を融資する。

一方で、証券化された債権は、さまざまな証券と混ぜ合わせて、優良な金融商品に変身し、世界中に販売された。

この取引が繰り返されると、どんどん住宅用の不動産投資が増えていく。これまでより所得の低い、返済できない人にも融資され、この債権が証券化される。そして、この危険な証券を組み入れた金融商品が世界に拡販され続けた。

そして、やっぱり返済できないことがわかる。多くの住宅が売りに出され、不動産価格が暴落する。拡販された金融商品は、その組み入れられた資産価値がわからないために投資家の不安を煽り、一斉に売りに出されて暴落する。金融市場がパニックになる。教授による物語は、こんな感じだ。人間は、同じような過ちを繰り返しているという。

教授の本には、もう1つ、銀行の問題行為が指摘されていた。〝財務諸表を分析道具として、貸出しの評価にしてきたこと〟とある。でも、私には財務諸表がわからない。財務諸表を分析すると企業の健全性や経営の成績などがわかると聞いていたのに、財務諸表を分析しても融資の基準にはならないということなのだろうか？

でも〝過去に支出した費用や過去の収入の延長線上には、未来の収入はない〟とか、〝巨額の投資をして見栄えの良い立派な工場を所有していても、そこで生産される製品が売れなければ、ただの産業廃棄物である〃という文章は理解できる。確かに、銀行がこうした基準で融資していたとすれば、産業廃棄物は担保にならない。借金返済は大変だろう。銀行の融資は未来志向でなければいけないということだ。

資産を有効に利用するためには、人々が欲する財やサービスのために活用しなければならない。モノ余りの時に、既存事業に投資をしても意味がない。新しい利用方法を発見しなければならない。

そう、イノベーティブな事業を起こし、差別化や高付加価値商品を生産する経済に転換するべきだったんだ。模倣では未来は想像できない。画一的な発想は捨てなくてはならない。多様性や個性を重視し、優秀な技術者や労働者を雇用しなければならない。バブルって、みんなが一斉に同じ方向を向いてしまったのかもしれない。

銀行融資は元本返済と約定利息を支払わねばならない。約束を反故にすれば、企業は倒産してしまう。だから、イノベーティブな経営をするには、返済義務のない株主の資本が必要になる。株主がリスクを負担すれば、ベンチャービジネスが育つ。日本経済の問題は、企業がリスクをとれないことだ。その原因は、資本供給がリスクをとれないことにある。

多様性や個性は、環境によって相対的に評価される。さまざまな環境が変化する中で、閃きやアイデアを商品化するには、閉ざされた組織内の労働力では十分ではない。終身雇用などの、従来型の日本的雇用システムは阻害要因となり、必要な職能を能力に応じて雇用するオープンなシステムが求められた。

教授の本には〝労働市場のあり方と資本市場のあり方は密接不可分〟とあった。銀行中心のシステムから株式市場型システムへの転換は、終身雇用や年功序列賃金制度といった閉鎖的雇用慣行を開放的な労働市場型雇用システムへ転換するという。そうなることで、高度経済成長期の日本的経営の残滓が一掃されるという。

宴が終わった後は寂しい。私が生まれた直後にはバブルが崩壊している。物心ついたときには、日本経済は静かなものだった。バブル期に作った借金が重荷になり、返済が完了するまでは新しい事業に手が出せない。社会全体が、必要なくなった資産の処分に時間をかけていた。不良債権の整理は、人の整理でもあった。

要するに、バブル崩壊とは、画一化した日本的経営の見直しだったということだ。イノベーションを要請される時代にもかかわらず、イノベーションに投資する環境整備を行わなかった。株主重視経営のための制度設計を怠っていたのかな。

でも、これはなかなか手ごわい。私は、少し時間をかけて考える必要があった。戦後の高度経済成長を支えた日本的経営は、特殊な歴史的時期に適合する仕組みであり、日本企業の成長とともに変わらねばならなかったにもかかわらず、日本的経営とこれを取り巻く経済の仕組みは、変化しなかった。

■株式会社はリスクに挑戦する資本主義社会に必須

標準化した財・サービスは、最もコストの低い地域で生産することになった。個性のない商品は、どこで生産しても良い。国内賃金を高く維持するには、個性の追求しかなくなる。だけど、個性の追求が、小さなローカル市場向けの商品では困る。一部の人だけが欲しがる商品では、貿易収支は赤字になってしまう。赤字基調では、円安になり、他国からの買い物などできなくなる。

だから、個性を追求しながらも、世界中の人が欲しがるイノベーティブな商品を開発しなければならない。個性の追求は、標準化に抗う差別化ということだ。模倣する経営ではなく、模倣される経営を目指すことになる。もちろん、簡単に模倣されたら意味がない。各企業は、知的財産権を守ることができる画期的な商品開発を経営目標にしなければならない。

でも、常識に挑戦する経営はリスクを伴う。私たちの社会では、このリスクを負担するのが株主だった。いま、株主が自己の責任でリスクを負担する本来の資本主義的生産への転換が必要なのだろう。でも、長く続いた日本的経営の残りかすが、しぶとく経営の中枢を握っている。

株式会社は、証券取引所に上場することで、多数の株主が株式を購入できるようになる。つまり、出資者が増える。上場できない株式会社は、所有と経営が分離せず、経営者は自分の財産をすべて投じなければならない。中小企業の経営者は、事業のリスクを家族で背負うことになる。ファミリービジネスのリスクだ。

一方、上場した株式会社は、多数の株主がリスクを負担する。しかも、株主は、特定の会社だけでなく、数種類、数十種類の銘柄の株を購入できる。株式という私有財産の価値は、企業の内外の環境によって変化する。この財産価値の変化は株価の変動であり、株主のリスクである。多数の銘柄の株式を分散して所有できれば、個々の銘柄の変動が中和できる。ある銘柄の株価が下がっても、他の銘柄の株価の上昇で相殺できる。分散投資は、投資する株主のリスクを低下できるということだ。それは、株を購入しやすくした。つまり、会社はお金を集めやすくなる。

そういうことか。株式会社は画期的な仕組みだ。私は、株式会社の意味を初めて理解した。

イノベーションを起こすような事業は、多くの失敗の中から奇跡的に成功したビジネスだ。そうした事業は、資金を集めるのが大変だ。何しろ、ほとんどがつぶれてなくなってしまうのだから。株式会社と株式市場は、こうした起業家的な意思決定を実現するためのリスク分散の仕組みだ。

株式会社は、個性や多様性を織り込む経済活動を奨励する。会社がつぶれる可能性が高ければ、従業員の雇用も難しい。組織内の人材育成にも限界がある。企業の組織内部における閉鎖的な労働市場には限界がある。環境変化に対応する労働市場の開放が必要であり、能力に応じた人材の流動性が求められる。新たな事業の創造に、多数の株主が資本を出資する。この資本結合に、労働市場が対応して、人が資本に結集する。でも、優秀な人が集まれば、資本は人の下に集まる。鶏と卵かもしれない。

資本市場と労働市場の関係は、もっと繰り返し説明されても良さそうだ。その仕組みができないと、イノベーションは起こせない。市場の自由な取引が、イノベーションには必要だということだ。

自由な市場取引は、個々人の自由な発想から生まれるべきだろう。何かを始めるとき、最初にルールを作ることはできない。初めての事業や取引にルールを作るというのは本末転倒だ。だけど、戦後復興は、官主導による計画経済的な制度を設計していた。新規の事業は、法律が制定されることで認可されるという社会秩序の形成だ。それは、起業活動の諸問題を自己責任で解決する資本主義的な秩序の形成とは異なっている。

ルールがあれば、間違いは起こりにくい。ルール通りに起業し、ルール通りに管理運営する。経営者は、規制されればされるほど機会選択の裁量権を失うけど、それだけ頭を使わずに保護される。経営者が育たないのは、個々の自己責任を回避させるような仕組みを作っていたからなのだろう。

私有財産の管理・運営を自己責任に委ねるのが、資本主義社会だ。でも、国家主導で行われた戦後復興は、企業に対する過保護な社会を構築したのかもしれない。子ども扱いということか。その政治的な構造は、バブル崩壊まで長く続き失われた時代となった。

イノベーティブな起業は、既存の法体系には含まれない。それだけでなく、既存の法律と衝突する。官僚は法や規制を提案するけど、自ら作った過去の法案や規制との衝突を回避しようとする。上司が作った法案を部下が潰すわけにはいかないのだろう。官僚組織が自己利益を追求すれば、摩擦や衝突の回避こそが最良の選択肢かもしれない。そうした力が働いているとすれば、イノベーティブな起業活動は好まれない。何もせずに、問題を先送りすることが官僚的には合理性がある。私は、徐々にではあるが、経済や経営の思考方法に慣れてきた。

教育も、こうした日本的経営を後押ししてきた。個性よりも集団的な秩序の維持が求められた。授業は先生の話を聞き、黒板に書かれた事柄をノートに写す時間だった。個々に考える時間や場は与えられず、教科書に沿った標準化した内容を理解することが中心だった。

個性や多様性が求められるようになるのは、80年代の半ば頃からであり、アクティブラーニングなどを導入し始めるのは、２０１０年代。教育行政が大きく舵を切らなければ、日本的経営は変わらない。資本主義経済における起業家やリスクをとる株主の機能は、いずれも自らの判断で意思決定する自立した個人の存在を前提としている。

私は、日本の教育問題も考えていた。ただ、教育といっても、子供が減って、古い教育を受けた老人が増加している。環境変化に柔軟に対応できる若者が減り、環境に適応しない老人が増加したら起業どころではない。しかも、高齢化が進めば、労働人口が減少して、消費する人ばかりになる。引退した老人は貯蓄をせずに消費をするのだから、社会の貯蓄は減る一方だ。

古い経営者に支えられた恐竜のような企業には家計の貯蓄は流れなくなり、死滅するのだろうか？　貯蓄が限られているとすれば、起業に回すべき資源は希少性が高くなる。教育の原資も枯渇してしまう。

■株主重視経営で不祥事が増える？

株主重視型社会は、銀行に集められていた情報を多数の投資家に開示し、個々の投資家が評価する社会だ。株式市場は、現在の財・サービスの売買ではない。環境が変化しそうな傾向を、それぞれの投資家が主観的に考え、将来に何が必要になるのか、何がいくらで売買されるのかを予想する。そんな市場が資源配分を決める。それは〝神の見えざる手〟だ。

経営者は、ステークホルダーの位置づけを変更させる。株式持合いは明らかに低下した。90年頃に1／3以上であった持合い比率は、2019年には、1／10を切るまでになった。グローバル化の進展により、特定企業との資本関係が、新たな取引関係に支障となることがある。教授は、株主重視型社会は不祥事を増やすと言っていた。市場のルールを無視した経営者の悪さは、株主重視ではなく経営者の保身でしかない。経営者の保身に基づく不祥事は株主軽視の結果であり、株主重視型社会では、そうした不祥事が暴露されるのだ。

株式会社は、資本市場や労働市場の開放を前提とし、企業情報が市場参加者に平等・公平に伝達される仕組みを求めている。企業は、財・サービス市場とのコミュニケーションのみならず、資本市場や労働市場に対する情報開示が必要になる。この情報開示が不祥事を増やしているという。

閉鎖的な系列取引の関係では、品質不良や規格外製品などの問題は、当事者間で解決できた。〝この部品に問題がありました。申し訳ありません。すべての部品を交換しますので、ご容赦ください〟という感じだ。でも、開放された市場取引に移行すると、納品先は特定の企業に限定しない。製品やサービスに関する情報開示が必須となる。品質上の問題が発生すれば、公表しなければならない。それは、不良品を出したことで損害を被る株主に対する説明でもある。

会計不正や不適切な会計処理に関しても同じだ。銀行に依存していた時代は、不正会計が発覚しても、銀行に説明すればよかった。でも、株主重視社会では、会計不正は株式市場の株主すべてに開示しなければならない。株主の私有財産に直接関係するのだから、当然だ。

また、労働者が特定の会社に留まらなくなれば、企業内の情報は隠蔽できない。企業の不正や不祥事は自由な労働者には許容できなくなる。

企業の不祥事は新聞やテレビのニュースになり、最近は頻繁に発生しているように感じる。増えているのかと思っていたけど、むしろ、閉鎖的取引から公明正大な市場取引に変化したことが原因かもしれない。不祥事の発覚とは、資源配分機能を株主の自己責任に委ねる健全な株主重視経営の証ということかもしれない。

そういえば、フォルクスワーゲンは、ディーゼルの排ガス不正の発覚で、米国に対して1兆5千億円という懲罰的な和解金の支払いをすることになった。ドイツの検察も1千億円を超える罰金を命じている。株主にとっては、経営者の犯罪行為を許せないだろう。でも、この事の発端は、米国の大学への研究依頼であり、不正をチェックする目的ではなかった。この調査がなければ、フォルクスワーゲンの社内で問題を隠蔽できた可能性が高い。ドイツの従業員は、意外と企業不正に鈍感なのかもしれない。あるいは、企業に対する忠誠心なのか？おそらく、違うだろう。従業員の給与は、売上によって左右されるからだ。

教授は、ドイツが日本と同じく銀行の力が強かったと言っていた。しかも、上場している株式会社はそれほど多くはないらしい。企業統治の仕組みも、従業員代表などが加わっていることで、株主や顧客重視ではなく、経営者や従業員の自己利益を優先してしまうのだろうか？

■勘違いの株主重視

教授は、株式会社の持つ基本的性格が、経営者の不祥事を誘発するという。そこには、経営者の勘違いがあるという。

株式会社は、株式時価総額の最大化を至上命題としている。その命題は、社会に貢献できる希少資源の効率性を追求し、魅力ある企業に資源を集中させるためだ。

この命題を誤解した経営者は、いたずらに資産成長を求めてしまう。無能な経営者は、機会選択をすることなく、資金を無駄に投資する。株式会社の資産と組織は、肥大化の傾向を持つことになる。資産と組織の拡大は、同一事業組織の拡大のみならず、事業買収などを介して多角化する。経営者の知識や経験が及ばない事業領域に希少な資源が無駄に投入されることになる。

投資の意思決定をすると、後戻りは難しい。設備を購入し、従業員を雇用する。投資した資金回収は、支払利息程度の収益があれば維持できる。低収益の事業を拡大することになる。

東芝の失敗事例が説明してくれる。2006年に米国のウェスチングハウス（WEC）を買収したが、もともと採算の取れないような落札額だったようだ。原子力事業に対する経営ノウハウがないにもかかわらず、東芝は事業拡大に乗り出してしまう。事業の失敗は徐々に明らかになったけど、これを認めることは難しい。株主に対して、経営判断の誤りを認めれば、経営者として責任を取ることになる。もはや、経営者として再任されない。自らの身を守るために、株主への情報を隠蔽した。それは、会計不正につながってしまう。

経営者の経営能力は、資産総額や組織の拡大によって向上するわけではない。身の丈を知らない経営者の暴走は、従業員の能力を超える目標設定を意味する。経営者の目標は、絵空事になるけど、各部署の責任者は数字上の目標達成でごまかそうとする。数字だけの経営戦略や事業戦略が展開されるけど、経営者は実態を知らないままに裸の王様となる。

資産や組織が拡大しても、経営者にこれを管理する能力がなければ破綻する。つまり、資産や組織の拡大は、不祥事や不正の発生リスクを高めている。自社が所有する資産や自社の組織のみではない。子会社や孫会社、関連会社の情報も掌握しておかないといけない。取引先企業から調達した原材料や部品に問題があれば、販売者としての責任が生じる。

経営者への権限集中は、市場の資源配分より効率的であれば許される。でも、これは簡単ではない。市場とは他社を意味する。それぞれに専門的な知識と技術を有する企業である。ライバル企業に勝てなければ、経営者に権限を与えることはできない。

経営者は、権限集中を正当化させるために、情報のコントロールや、情報の隠蔽といった誘因を持つ。したがって、株主重視経営には、経営者を監視し、情報開示をさせる制度設計が不可欠になる。会社法が改正されるたびに、この制度設計に修正が加えられている。経営実態を開示し、経営を適切に評価することで、株主のみならず、顧客や従業員、取引先企業、国や地方自治体などの利害関係者が、適切に資源を配分できる。

アメリカの主要な経営者団体が『株主第一主義』を見直すと発表した。アメリカ型の資本主義経済の転換点という主張もあったけど、それは本来の株主重視を等閑にして、経営者の自己利益追求を優先していたことを反省し、これを改めると言うべきだったのではないだろうか。

上場会社の経営者は、株価の上昇のみに気を取られ、経営の実態を見なくなる。それは、株主重視ではない。未上場の中小企業の経営者は、その多くが所有と経営の一致する経営者だ。老舗企業の経営者は、事業規模の無鉄砲な成長を画策しない。経営者自身の私有財産を守るには、その能力を超えるような運用をしない。教授は、それが株主重視経営の本質だと言った。

■バブルの再来か?

銀行経営の行き詰まりは、イノベーションの追求だけではなさそうだ。ディーゼルの排ガス不正は、研究開発の失敗だ。画期的な商品開発のみならず、厳しい規制をクリアするには時間をかけた研究開発が必要だ。新薬の開発なども成功確率は非常に小さい。成功報酬を高めるには、巨額の資本を集めて、多くの研究者を集めなければならない。自動運転技術やEV用のバッテリー技術、燃料電池車の技術などを巡って、提携やM&Aなどが行われる。いずれの業務も、その評価と資源配分は、銀行から株式市場に移行した。

株主が自己の責任で不確実な経営戦略を評価することになる。元利合計に縛られた銀行支配による経営から株主主権の経営に変わることで企業は変革する。銀行と株主の序列は逆転した。株主は、専門的な知識を有する機関投資家となり、変革しようとする経営やイノベーションに着目して投資する。経営者は、株主の富を最大化する意思決定を迫られ、これに貢献する経営者報酬が急増し、従業員との格差を拡大させてきた。

日本の経営者報酬は、世界基準からすれば未だ高くない。それは、年功序列賃金という日本的賃金制度に関係あるのだろう。会社内部の取締役が多く、従業員の出世の延長線上に取締役が位置づけられてきた。人事考課が不明瞭で、なぜ出世するかが不明瞭であれば、経営者に選抜されても、その所得の妥当性を説明できない。

でも、従業員の賃金は、相対的にはどんどん下がっている。企業は安い賃金の国で生産するからだ。つまり、企業のグローバル化は、従業員の賃金をグローバル市場における最低賃金に引き寄せることになる。

グローバル化の進展は、財やサービスが標準化し、低コストの生産地を求めて資本が国境を越えていく。世界は、間違いなく豊かになっている。貧困が減るのは、貧しい国に資本が参入した結果だ。どの国でも同じ財やサービスを生産できるようになった。まだまだ貧しい国もあるけど、政治的な混乱と利害衝突による戦争などが原因だ。それ以外の国では、モノがあふれている。

モノがあふれるということは、景気の停滞だった。特に、先進諸国はモノがあふれている。労働力不足が深刻な日本でも、低賃金国との競争を意識する。そもそも、人口が減少しているから、労働力は不足している。生産設備の過剰感は解消されず、設備投資には消極的だ。当然、企業は使い道のない金をため込んで、利子率はどんどん低下する。

モノがあふれている以上、物価は上昇しない。物価が上がらないから、売上も増えない。売上が増えなければ給料が増えるわけがない。だけど、株価は着実に上昇している。2000年に13、000円台だった日経平均は、03年には7、000円台まで低下するけど、2018年には高値で24、000円台をつけた。金の値段も高くなっている。2000年に1グラム1、064円だった円建ての金価格は、2018年には5、171円に上昇している。土地の値段は、都市部と地方で格差が生まれた。23区はバブル期と同じ価格水準に上昇している。

資産価格は上昇し、持てる人は裕福になり、持てない人の賃金は低下し続ける。かつてのバブルは、持てる人だけでなく、持てない人の賃金も上昇した。現在の資産価格上昇は、格差を最大化するバブルであり、質《たち》が悪いかもしれない。

「日本の経営は、未だ真の意味で株主重視の経営になっていない」と教授は言う。家計貯蓄は、相変わらず、銀行預金になっている。高度経済成長期の日本的経営は、依然として矛盾を解消していないのかな。

環境は激変しているというのに。

メグミのメモ（まとめ）

①日本的経営

- 経営者が生きてきた時代を知ることは，彼らの経営観を知ることにつながる
- 終身雇用や年功序列賃金などの日本的経営は，キャッチアップには機能したが，海外進出ではグローバルな標準化した経営が要請された

②バブル

- 資産を有効に利用できればバブルは起こらなかった。イノベーティブな事業を起こし，高付加価値商品を生産する経済に転換するべきだった
- バブル崩壊とは，画一化した日本的経営の見直し

株主重視経営

- 経営者の保身に基づく不祥事は株主軽視の結果であり，株主重視型社会では不祥事が暴露される
- 経営者自身の私有財産を守るには，その能力を超えるような運用をしないことが，株主重視経営の本質

終　章　マネジメント・ジャングルを彷徨う！

■日本の経営学は？

亀川教授が渡してくれた本で、日本の経済を歴史的に見ることができた。それは、さまざまな事象が相互に関連しているということ。企業の経営を理解するには、社会の全体像を理解する必要がある。社会から企業を見る視点に加え、企業組織の全体像から各機能を見なくてはいけない。

複雑に絡み合う関係は、経済学や経営学の役割を認識させてくれた。何かを解明しようとすれば、問題を絞り込み、その対象のみに光を当てなければならない。それは、説明しようとする内容とこれを説明する要因を分け、その他の問題を不問にすること。

複雑な事実関係は、経済学や経営学の助けがなければ、混沌としたままだ。もちろん、法学や社会学、時には文学や自然科学もヒントにする。教授の本は難解だけど、授業などを通して、多少は理解できるようになった。

私は、改めて株式会社の仕組みを勉強できた。株主は、資本主義経済で必須の役割を担っている。経営学の中心的なテーマが株式会社である理由がわかる。法人という法律上の人格が付与されているけど、意思決定しているのは経営者となった人間だということ。

教授は「日本の経営学の問題について、依然として、多くの経営学が欧米の輸入経営学になっている。制度が異なるのに、理論を輸入するだけでは使いものにならない。たとえば、証券市場が整備されていない時代に、効率的市場の資産価格理論を輸入する。輸入した理論を日本の不完全な市場で検証しようとする。それは、ほとんど当てはまらないし、役に立たない。何しろ、銀行が資源配分機能を担っていたのだから。

この傾向は、ほとんどすべての経営学領域に当てはまる。日本企業のための組織論について考えると、専門的知識と経験で選抜されず、新卒一括採用されるような日本企業の組織は、キャリアに基づいて雇用される欧米型の企業組織とは異なるかもしれない。組織を構成している人間そのものが異なる。そうだとすれば、日本独自の組織論が必要になる。緻密なフィールドワークに基づく研究もあるけど、主流派にはなれない。

戦略論だとか、マーケティングとかも、輸入学問に依存しすぎている。実務と理論が乖離するのは当然だ。日本の経営者に敬遠されるし、輸入のしようがないから経営者の生き方や哲学に人気が集まるのは理解できる。輸入学問ばかりを集めて紹介しても、「面白くないな」と言っていた。たぶん用語辞書と同じになってしまうからだろうな。

結局、経営学って何なの。新書は、どうしたらいいの。改めて、経営者と経営学の関係を考えながら、会社に戻るために、メグミは電車に乗った。

■人生の選択と経営学

私は、車窓を眺めながら、金融緩和に関するニュースを思い出していた。ここ数日の間に経済関係のニュースに反応するようになっていた。

世界中に資金は溢れている。投資家はわずかな利益を期待して、株や不動産に投資する。でも、製造業の景況感は悪化しているみたいだし、モノ作りは成長していないようだ。教授は「景気を刺激するために、各国の中央銀行がマイナス金利政策をとるようになりましたが、お金を注入しても、なかなか景気が上昇しません。また、お金がジャブジャブになると、経営者はリスクを畏れなくなります。お金を使うことが経営者の仕事ですが、金利が低いと使い方が乱暴になります。お金は、仕事を生み、そこで働く人がいる。お金の流れに人間が振り回され、資本は儲からないとわかれば、さっさといなくなるけど、人間の移動は簡単ではない」と説明してくれた。

お父さんは、バブルの崩壊でつらい思い出があると言っていた。お父さんの融資が原因で、倒産や家族が崩壊するようなことがあったのかな。お父さんは、後悔していないのかな。銀行員の仕事に誇りを持てていたのであれば喜ばしい。でも、自分の仕事で不幸になる人がいるとなれば、幸福感を抱けない。社会貢献の実感はない。「あの時、こうしておけば」と言うのは、取り返しがつかない。

私は自立した個人として、私の未来にある機会を選択しなければならない。創成社は、これからも私を雇い続けてくれるのだろうか。グローバル化は、私の仕事に影響を与えるのだろうか。社会貢献をしているという実感を持てるかな。

私は、海外の低賃金労働者と戦い、国内ではＡＩと競わなくちゃいけない。一体、どうなっちゃうんだろう。経営学は、こうした問題を考える手助けをしてくれるはず。

でも、何をすべきかは教えてくれない。それは、自分自身を相対化する教養を必要とするのだろう。私は、未来が見えない。私の給与は、それほど高くならないだろうな。大企業の給与水準は少しばかり上昇しているようだけど、中小企業の給与は上がらない。上場企業では、経営者の報酬が株価とともに増加の一途を辿る。でも、サラリーマンの賃金上昇は抑えられる。

グローバル化は、さらに進むのかな。社内の公用語が英語になったら、太宰文学を語ることも、日本語の微妙な表現を英語に翻訳することもできそうにない。翻訳は、AIに任せた方が良さそう。誤訳で意思決定に失敗したら、多くの利害関係者に迷惑をかけてしまうから。

英語を標準語とすれば、日本企業の慣習や制度、組織内の暗黙知などを語ることができるだろうか。日本企業に特有の経営を伝えることは難しい。でも、ローカル市場の存在は重要だよね。言語は、多様化や差別化に無関係ではない。言語と民族とに密接な関係がある。民族と宗教につながりがあるから、言語と宗教にも関係があるのかな。それぞれの生活に違いがあれば、企業の製品やサービスにも差が生まれるし、働き方も違うよね。

やはり、教授が言うように、経営者の機会選択は、企業を取り巻く内外環境によって異なる。つまり、国ごとに異なる経営学が求められるってことだ。

■標準化に抗う個性の経営

教授の本には「欧州連合EUは、ユーロによる国を越えた通貨を導入し、政治的な統合も目指している。だけど、必ずしも上手くいっていないように思う。通貨が統一されれば、国家が1つにならなければならない。統一した域内では、必ず経済的格差が生じる。日本の国内は、円という統一通貨で取引している。都市部と地方では所得の格差が生まれている。地方は過疎化し、都市に人口が集中する。

だから、国が地方交付税によって、各地の財源を均一にするようにしている。当然、ユーロも同じことをすべきだ。ドイツは、ユーロの恩恵を一番受けた勝ち組だ。当然のこととして、財政赤字の国を支援しなければならない。でも、ドイツ人は他国の人々の財政支援を許容できるだろうか。

人やモノが国境を越えて自由に取引されるには、市場の秩序を統一しなければならない。各国独自の法や規制を越えて、統一した約束事が必要になる。国境を越えた標準化した制度設計は、各国独自の主権を抑制することになる。これに我慢できなくなり、イギリスは、ＥＵ離脱問題で大混乱した。

米中貿易戦争は、グローバル化に抵抗する保護主義だ。人間の社会は、簡単には統一できない。各国の個性は、人間自身の個性とも関係している。そもそも、豊かさは個性を実現することかもしれない。

でも、同じ考え方を持たない、価値観が異なるということは、やはり争いの原因でもある。

国連は、グローバルな社会課題を解決し、持続可能な世界を実現するための国際目標としてＳＤＧｓ（Sustainable Development Goals）を採択した。貧困の撲滅や格差の是正、気候変動対策など、国際社会に共通する目標を掲げている。

各国は、その共通目標については承認したが、貧困や格差、気候変動の概念を数値化して目標にしなければならない。その方法も多様だ。各国の企業は、これを受け入れて、実際の経営実践に生かそうとしている。でも、各国の政府は、同じ基準で企業や家庭生活を規制できるだろうか。利害対立の調整は難しいに違いない」と書いてあった。

世界は、どこに向かうのかな。グローバル化という標準化の中でローカルを位置づけないといけない。ＡＩは、市場理論を変えるよね。商品開発や生産方法、販売や広告、物流、価格設定などの方法を変えているし、組織内外の労働市場や資本市場も変化しているみたいだ。ＡＩが標準的な経営学を作るとしても、それは工学的に捉えることのできる人間の行為。人間は、常に個性を求め、標準化に抗おうとする。

エピローグ　新書企画

教授から渡された本を1週間かけて読み終えた。今日は、本を返しに、教授の研究室に行ってきた。本に関する質問をたくさんしたけど、結局、経営学の新書について〝これだ〟というアイデアをもらうことはできなかった。教授も「僕には書けませんね」と他人事のような返事だった。

亀川教授は「経営学は、目的を持った人間の研究だ。人間は社会的動物で、環境によって人間は変化する。だから目的も変化する。その時代やその地域に標準的な解決方法がある。一方で、個性のある多様な目的と解決方法がある。資源は、目的に共感する組織に集まり、その解決方法によって資源の効率性が測定される。でも、共感している目的でさえ、各自の目的は完全には一致しない。組織に関わる利害関係者の調整は、経営学の難しい所。経営学を知るには、経済学と商学の関係性のみではわからない。経営学は社会科学であり、法学や社会学との関係を意識しなければならない。法治国家における人間関係や社会の活動を理解するには、法学の理解が欠かせない。社会学は、人と人の社会的な関係のすべてが研究対象になる。さらに人の管理をする上では、産業や組織の心理学のような分野も関わっている。

そして、常に人間を見つめないといけない。個人として、経営者を研究対象とする」と言っていた。これは文学の世界ではないのかな。メグミは、太宰治の研究と経営学の研究に距離感を感じなくなった。

教授曰く、「経営学を知るには、経営に関わる周辺領域を学ばないといけない。経営学は、学問の境界が曖昧で、認識対象の異なる学問間を行ったり来たりする。経営者自身の意思決定が顧客、株主、取引先、従業員といった多様な人間関係の中にあるから。人々の嗜好や行動は、脳科学との接点が必要。上司と部下の関係や仲間同士のコミュニケーションは、心理学的側面からアプローチできる。精神科学かもしれない。この学際的な性格が経営学をジャングルにしている。

結局、経営学の奥義をきわめることなどできません」とのこと。

これを探し始めるとジャングルの奥に迷い込むだけのようだ。これじゃあ新書の企画は進まないな。どうしよう。メグミは、10日あまりの間に詰め込まれた知識を振り返っていた。亀川教授とのやりとりで、私は確実に変わった。

そうだ、閃いた…。

「この悩みを新書にしちゃおう!」

追伸

この本を読んでいただいた皆様、わかりやすい経営学をどなたか執筆していただけませんか？

南山 メグミ
minamiyama@books-sosei.com

あとがき

本書は、経営学に関する著者の悩みを綴ったものです。登場人物の亀川雅人は、著者本人ですが、創成社の南山メグミは、創成社が作り上げた架空の人物です。また、本文中の亀川雅人が勤務する大学は、立京学院大学ですが、これは私が勤務していた立教大学と現在の勤務先である文京学院大学の大学名を合成した架空の大学です。

著者は、これまでに『ガバナンスと利潤の経済学』(2015)、『大人の経営学』(2012)『10代からはじめる株式会社計画』(2008)、『資本と知識と経営者』(2006)などの単独書を創成社より上梓してきました。社長とも長くお付き合いいただいた関係から、今回は提案を受けた内容で、創成社の新入社員を想定した主人公にしました。

本書では、特に参考文献などを表示していませんが、私が編著者となり創成社より出版した『経営学用語ハンドブック』(2019)や新世社より刊行した『入門経営戦略』(共著者：松村洋平、1999)、『入門マーケティング』(共著者：有馬賢治、2000)、『入門経営財務』（2002）、『入門現代企業論』（共著者：高岡美佳、山中伸彦、2004）、『入門経営学　第3版』（共著者：鈴木秀一、2011）、さらには、学文社の『日本型企業金融システム』（1996）、『ファイナンシャル・マネジメント』（2009）、そして、中央経済社の『企業資本と利潤』（1991、第2版1993）、『企業財務の物語』（1996、新版1998）、そして、『株式会社の資本論』（2018）などを回想しながら執筆したものになっています。

《著者紹介》

亀川雅人（かめかわ・まさと）

立教大学名誉教授　博士（経営学）

文京学院大学副学長兼経営学研究科特任教授

（検印省略）

2020年10月10日　初版発行　　略称 — 経営学

経営学って何か教えてください！

—マネジメント・ジャングルを彷徨う—

著　者　亀 川 雅 人

発行者　塚 田 尚 寛

発行所　東京都文京区 春日2－13－1　株式会社 **創 成 社**

電　話　03（3868）3867　　ＦＡＸ　03（5802）6802

出版部　03（3868）3857　　ＦＡＸ　03（5802）6801

http://www.books-sosei.com　振　替　00150-9-191261

定価はカバーに表示してあります。

ISBN978-4-7944-5070-8 C3234

Printed in Japan

組版：スリーエス　印刷・製本：

落丁・乱丁本はお取り替えいたします。

創成社新書

創成社刊